"十四五"国家重点出版物出版规划项目
交通运输科技丛书·公路基础设施建设与养护
跨海交通集群工程智能化运维系列丛书

沉管隧道服役状态感知与评估

景强 丁浩 陈建忠 闫禹 曹鹏 著

人民交通出版社

北京

内 容 提 要

本书依托国家重点研发计划项目"港珠澳大桥智能化运维技术集成应用"部分研究成果编写，是"跨海交通集群工程智能化运维系列丛书"中的一本。

本书面向沉管隧道服役状态精细化、智能化管控需求，提出了沉管隧道数字化底座与服役状态综合评估技术，系统介绍了沉管隧道服役环境及状态综合感知技术，开展基于多物理场模型试验及机电设施模拟试验的沉管隧道服役行为及病损机理研究，并提出了知识与数据耦合的沉管隧道结构及设施服役状态智能仿真技术，在此基础上，建立了沉管隧道服役状态综合评估系统平台。

本书汇集了港珠澳大桥海底隧道服役状态感知、评估的工程经验和研究成果，可作为同类跨海集群工程运营维护的技术参考。

图书在版编目（CIP）数据

沉管隧道服役状态感知与评估 / 景强等著. — 北京：人民交通出版社股份有限公司，2024.5

（跨海交通集群工程智能化运维系列丛书）

ISBN 978-7-114-19287-6

Ⅰ.①沉… Ⅱ.①景… Ⅲ.①沉管隧道—隧道施工—研究 Ⅳ.①U459.9

中国国家版本馆 CIP 数据核字（2024）第 025035 号

Chenguan Suidao Fuyi Zhuangtai Ganzhi yu Pinggu

书　　　名：	沉管隧道服役状态感知与评估
著 作 者：	景　强　丁　浩　陈建忠　闫　禹　曹　鹏
责任编辑：	周佳楠　潘艳霞　侯蓓蓓
责任校对：	赵媛媛
责任印制：	刘高彤
出版发行：	人民交通出版社
地　　　址：	（100011）北京市朝阳区安定门外外馆斜街 3 号
网　　　址：	http://www.ccpcl.com.cn
销售电话：	（010）59757973
总 经 销：	人民交通出版社发行部
经　　　销：	各地新华书店
印　　　刷：	北京市密东印刷有限公司
开　　　本：	787×1092　1/16
印　　　张：	15.5
字　　　数：	246 千
版　　　次：	2024 年 5 月　第 1 版
印　　　次：	2024 年 5 月　第 1 次印刷
书　　　号：	ISBN 978-7-114-19287-6
定　　　价：	95.00 元

（有印刷、装订质量问题的图书，由本社负责调换）

交通运输科技丛书编审委员会

(委员排名不分先后)

顾　　问：王志清　汪　洋　姜明宝　李天碧
主　　任：庞　松
副 主 任：洪晓枫　林　强
委　　员：石宝林　张劲泉　赵之忠　关昌余　张华庆
　　　　　郑健龙　沙爱民　唐伯明　孙玉清　费维军
　　　　　王　炜　孙立军　蒋树屏　韩　敏　张喜刚
　　　　　吴　澎　刘怀汉　汪双杰　廖朝华　金　凌
　　　　　李爱民　曹　迪　田俊峰　苏权科　严云福

跨海交通集群工程智能化运维系列丛书
编审委员会

主　　　任：郑顺潮

副　主　任：（排名不分先后）

　　　　　　陈　纯　　张建云　　岳清瑞　　叶嘉安

　　　　　　滕锦光　　宋永华　　戴圣龙　　沙爱民

　　　　　　方守恩　　张劲泉　　史　烈　　苏权科

　　　　　　韦东庆　　张国辉　　莫垂道　　李　江

　　　　　　段国钦　　景　强

委　　　员：（排名不分先后）

　　　　　　汤智慧　　苗洪志　　黄平明　　潘军宁

　　　　　　杨国锋　　蔡成果　　王　罡　　夏　勇

　　　　　　区达光　　周万欢　　王俊骅　　廖军洪

　　　　　　汪劲丰　　董　玮　　周　波

《沉管隧道服役状态感知与评估》编写组

丛书总主编：景　强

主　　编：景　强　丁　浩　陈建忠　闫　禹

　　　　　曹　鹏

参　　编：（排名不分先后）

　　　　　李国红　程　亮　陈　忠　郭鸿雁

　　　　　胡银洲　刘　帅　江星宏　杨　孟

　　　　　周陈一　陈俊涛　邓实强　何　杰

　　　　　肖雪露　苑雪山　周万欢

编写单位：港珠澳大桥管理局

　　　　　招商局重庆交通科研设计院有限公司

　　　　　水利部交通运输部国家能源局南京水利科学研究院

　　　　　中国船舶重工集团公司第七二二研究所

　　　　　澳门大学

总序 GENERAL FOREWORD

　　科技是国家强盛之基,创新是民族进步之魂。中华民族正处在全面建成小康社会的决胜阶段,比以往任何时候都更加需要强大的科技创新力量。党的十八大以来,以习近平同志为核心的党中央做出了实施创新驱动发展战略的重大部署。党的十八届五中全会提出必须牢固树立并切实贯彻创新、协调、绿色、开放、共享的发展理念,进一步发挥科技创新在全面创新中的引领作用。在最近召开的全国科技创新大会上,习近平总书记指出要在我国发展新的历史起点上,把科技创新摆在更加重要的位置,吹响了建设世界科技强国的号角。大会强调,实现"两个一百年"奋斗目标,实现中华民族伟大复兴的中国梦,必须坚持走中国特色自主创新道路,面向世界科技前沿、面向经济主战场、面向国家重大需求。这是党中央综合分析国内外大势、立足我国发展全局提出的重大战略目标和战略部署,为加快推进我国科技创新指明了战略方向。

　　科技创新为我国交通运输事业发展提供了不竭的动力。交通运输部党组坚决贯彻落实中央战略部署,将科技创新摆在交通运输现代化建设全局的突出位置,坚持面向需求、面向世界、面向未来,把智慧交通建设作为主战场,深入实施创新驱动发展战略,以科技创新引领交通运输的全面创新。通过全行业广大科研工作者长期不懈的努力,交通运输科技创新取得了重大进展与突出成效,在黄金水道能力提升、跨海集群工程建设、沥青路面新材料、智能化水面溢油处置、饱和潜水成套技术等方面取得了一系列具有国际领先水平的重大成果,培养了一批高素质的科技创新人才,支撑了行业持续快速发展。同时,通过科技示范工程、科技成果推广计划、专项行动计划、科技成果推广目录等，推广应用了千余项科研成果，有力促进了科研向现实生产力转化。组织出版"交通运输建设科技丛书"，是推进科技成果公开、加强科技成果推广应用的一项重要举措。"十二五"期间，该丛书共出版72册，全部列入"十二五"国家重点图书出版规划项目，其中12册获得国家出版基金支持，6册获中华优秀出版物奖图书提名奖，行业影响力和社会知名度不断扩大，逐渐成为交通运输高端学术交流和科技成果公开的重要平台。

"十三五"时期，交通运输改革发展任务更加艰巨繁重，政策制定、基础设施建设、运输管理等领域更加迫切需要科技创新提供有力支撑。为适应形势变化的需要，在以往工作的基础上，我们将组织出版"交通运输科技丛书"，其覆盖内容由建设技术扩展到交通运输科学技术各领域，汇集交通运输行业高水平的学术专著，及时集中展示交通运输重大科技成果，将对提升交通运输决策管理水平、促进高层次学术交流、技术传播和专业人才培养发挥积极作用。

当前，全党全国各族人民正在为全面建成小康社会、实现中华民族伟大复兴的中国梦而团结奋斗。交通运输肩负着经济社会发展先行官的政治使命和重大任务，并力争在第二个百年目标实现之前建成世界交通强国，我们迫切需要以科技创新推动转型升级。创新的事业呼唤创新的人才。希望广大科技工作者牢牢抓住科技创新的重要历史机遇，紧密结合交通运输发展的中心任务，锐意进取、锐意创新，以科技创新的丰硕成果为建设综合交通、智慧交通、绿色交通、平安交通贡献新的更大的力量！

2016年6月24日

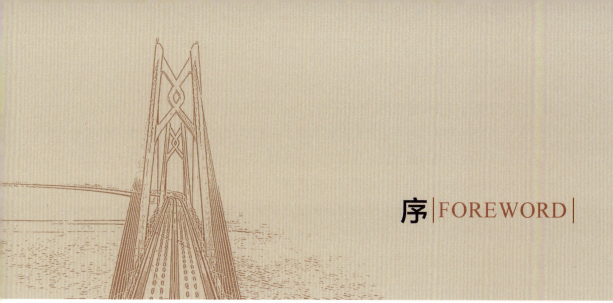

序 | FOREWORD

  我国水下沉管隧道发展迅速，已经建成了港珠澳大桥海底隧道、大连湾海底隧道等世界级工程。其中，最为瞩目的港珠澳大桥海底隧道全长 6.7 km，最大安装水深超过 40 m，是我国第一条外海沉管隧道，也是目前世界最长和最深的公路沉管隧道，被誉为交通工程中的"珠穆朗玛峰"，构成了港珠澳大桥集群工程的关键一环。

  沉管隧道是一个极为复杂的系统工程。一方面，隧道系统长期承受洋流、地质及车辆荷载等的耦合作用，加之其柔性连接的结构特性，面临着外部环境的"持续改变"与自身平衡的"动态演变"；另一方面，沉管隧道在水下压接就位，并上覆碎石回填层，受限于结构复杂性与安全要求，面临着荷载条件的"不易获取"和原位测试的"不易实施"。因此，沉管隧道服役状态的精细化、智能化管控成为保障其运营安全的关键，必须解决其服役状态的全面感知、机理分析、数据挖掘及综合评估等难题。

  目前，国内外已经对沉管隧道的结构设计、现场施工等进行了大量的科研攻关工作，但沉管隧道服役状态管控的理念与方法均具有一定局限性，其状态感知以定期人工巡检为主、尚无统一的评估技术标准；而且，沉管隧道的养护以周期修为主，难以满足沉管隧道日益提升的安全服役要求。相较于盾构法、钻爆法修建的公路隧道，沉管隧道在结构作用荷载分布、设计分析理论、施工工艺技术等方面存在较大差异，既有公路隧道的感知技术和评估方法难以直接运用，且沉管隧道的特殊服役环境也制约了传统测试方法的应用。面对沉管隧道的服役安全韧性保障，迫切需要对新方法、新技术、新工艺开展深入研究，为后续的养护维修、风险预警提供高价值信息。

聚焦运营沉管隧道的上述重大瓶颈难题，国家科技部立项"港珠澳大桥智能化运维技术集成应用"重点研发计划，对港珠澳大桥海底沉管隧道开展了深入的产学研联合科技攻关，先后完成了沉管隧道服役信息综合感知技术、沉管隧道服役性能及病损机理试验、沉管隧道服役新状态智能仿真技术及沉管隧道综合服役状态评估技术等研究工作，取得了一系列创新性成果，形成了沉管隧道服役状态感知、诊断、评估的理论方法与技术体系。本书反映了研究成果的核心内容，能够为国内外同类工程的精细化维护和运营管理提供参考。

相信本书的出版发行，将进一步促进我国科技工作者自主创新能力，为我国沉管隧道新技术的推广应用和交通强国战略发展做出重大贡献。

2024 年 4 月 18 日

前言 PREFACE

  港珠澳大桥地处珠江口伶仃洋海域,是现今世界上建设规模最大、运营环境最复杂的跨海集群工程,代表了我国跨海集群工程建设的最高水平。为攻克跨海重大交通基础设施智能运维技术瓶颈,示范交通行业人工智能和新基建技术落地应用,港珠澳大桥管理局统领数十家参研单位,依托国家重点研发计划"港珠澳大桥智能化运维技术集成应用"、广东省重点领域研发计划"重大跨海交通集群工程智能安全监测与应急管控"、交通运输领域新型基础设施建设重点工程"数字港珠澳大桥"、交通强国建设试点任务"加强港珠澳大桥智能运维"等开展技术攻关,将港珠澳大桥在智能运维方面的积极探索以关键技术的方式进行提炼,共同撰写了"跨海交通集群工程智能化运维系列丛书"。丛书的出版对促进传统产业与新一代信息技术融通创新具有重要意义,为国内外跨海集群工程智能化运维提供了丰富的借鉴和参考。

  沉管隧道作为一种新兴的隧道建设形式,具有结构形状限制小、施工周期短、安全性高等优点,在跨江、跨海通道中得到广泛应用,也成为港珠澳大桥跨海集群工程中的重要组成部分。港珠澳大桥海底沉管隧道连通东、西两座人工岛,由33个管节和两侧衔接段组成,沉管段长度5.664km,最大安装水深超过40m。作为世界最长的深埋公路沉管隧道,港珠澳大桥海底隧道首次采用了120年设计使用年限。充分有效的运营与维护是沉管隧道持久、安全服役的基本保障,直接关系到设计使用寿命、经济与社会效益的实现。然而,沉管隧道面临着外部环境与自身状态演变特性、初始状态与关键表征的不可知性,使传统的状态感知与评估方法难以满足实际工程对象服役性能的精细化、智能化管控需求。为此，本书旨在对沉管隧道的服役状态感知和评估进行深入探讨，为相关领域的工程师、学者和决策者提供有价值的参考。

本书共分7章。第1章，阐述了沉管隧道建设概况、国内外技术现状、港珠澳大桥沉管隧道特点和本书主要内容；第2章，介绍了沉管隧道数字化底座构建、技术状况评定、适应性评定及相关应用；第3章，总结了沉管隧道外部服役环境智能感知技术、土建结构服役信息感知技术、机电设施服役信息感知技术；第4章，通过沉管隧道多物理场模拟试验及机电设施模拟试验，介绍了沉管隧道服役行为及病损机理研究成果；第5章，展示了基于知识与数据耦合的结构服役状态智能仿真、排烟设施及照明系统的服役状态仿真技术；第6章，结合港珠澳大桥海底沉管隧道，搭建了沉管隧道服役状态综合评估平台；第7章，总结全书成果与结论，展望了应用前景及未来的研究方向。

限于作者的水平和经验，书中错漏之处在所难免，恳请读者批评指正。

作　者

2024年1月

目录 CONTENTS

第 1 章　绪论

1.1　研究背景···002
1.1.1　港珠澳大桥桥岛隧一体化感知与评估···002
1.1.2　沉管隧道概况及其服役特点···004
1.1.3　沉管隧道服役状态管控需求···008
1.2　沉管隧道服役状态感知与评估技术现状···010
1.2.1　沉管隧道运营现状及病损情况···010
1.2.2　沉管隧道感知与评估技术···012
1.3　沉管隧道服役状态感知与评估技术难点···017
1.4　本书主要内容···019

第 2 章　沉管隧道数字化底座与服役状态综合评估技术

2.1　港珠澳大桥沉管隧道评估数字化底座···022
2.1.1　数据标准与数字化离散···023
2.1.2　数字模型的构建与可视化展示···025
2.1.3　沉管隧道评估的数字内核···028
2.2　沉管隧道技术状况评定···028
2.2.1　评定方法与分级···029

2.2.2　沉管隧道主体结构评定 ·· 034
2.2.3　接头结构评定 ·· 036
2.2.4　附属结构评定 ·· 040
2.2.5　交通工程与附属设施评定 ·· 044
2.3　沉管隧道适应性评定 ··· 046
2.3.1　评定机制 ··· 046
2.3.2　接头结构 ··· 048
2.3.3　通风排烟设施 ·· 056
2.3.4　照明设施 ··· 060
2.4　评定数据标准及应用 ··· 062
2.5　本章小结 ··· 064

第 3 章　沉管隧道服役环境及状态综合感知技术

3.1　沉管隧道外部服役环境智能感知 ······································· 068
3.1.1　地形地层探测 ·· 068
3.1.2　海洋动力监测 ·· 073
3.2　沉管隧道土建结构服役信息感知 ······································· 075
3.2.1　土建结构常规感知手段 ·· 076
3.2.2　土建结构智能感知手段 ·· 080
3.3　沉管隧道机电设施服役信息感知 ······································· 093
3.3.1　机电设施常规感知手段 ·· 094
3.3.2　机电设施运营状态智能巡检 ·· 097
3.4　本章小结 ··· 101

第 4 章　基于模型试验的沉管隧道服役行为及病损机理研究

4.1　接头组合结构力学特征模型试验研究 ································· 104
4.1.1　实尺沉管隧道-缩尺试验模型相似方法 ·························· 104
4.1.2　沉管隧道组合结构变形模型试验方法 ··························· 108

  4.1.3 典型变形下管节接头力学响应特征分析 ⋯⋯⋯⋯⋯⋯⋯⋯⋯ 118
 4.2 接头止水带长期服役性能模型试验研究 ⋯⋯⋯⋯⋯⋯⋯⋯⋯⋯⋯⋯ 125
  4.2.1 止水带等截面部件模型试验方法 ⋯⋯⋯⋯⋯⋯⋯⋯⋯⋯⋯⋯ 126
  4.2.2 长期服役中止水带弹塑性特征分析 ⋯⋯⋯⋯⋯⋯⋯⋯⋯⋯⋯ 128
  4.2.3 长期服役中止水带水密性特征分析 ⋯⋯⋯⋯⋯⋯⋯⋯⋯⋯⋯ 132
 4.3 行车安全驱动的照明灯具失效机制研究 ⋯⋯⋯⋯⋯⋯⋯⋯⋯⋯⋯⋯ 133
  4.3.1 试验设计及验证 ⋯⋯⋯⋯⋯⋯⋯⋯⋯⋯⋯⋯⋯⋯⋯⋯⋯⋯⋯ 133
  4.3.2 照明灯具失效机制 ⋯⋯⋯⋯⋯⋯⋯⋯⋯⋯⋯⋯⋯⋯⋯⋯⋯⋯ 139
 4.4 本章小结 ⋯⋯⋯⋯⋯⋯⋯⋯⋯⋯⋯⋯⋯⋯⋯⋯⋯⋯⋯⋯⋯⋯⋯⋯⋯ 142

第 5 章　沉管隧道服役状态智能仿真技术

 5.1 沉管隧道服役状态智能仿真研究思路 ⋯⋯⋯⋯⋯⋯⋯⋯⋯⋯⋯⋯⋯ 146
 5.2 沉管隧道土建结构服役状态智能仿真 ⋯⋯⋯⋯⋯⋯⋯⋯⋯⋯⋯⋯⋯ 147
  5.2.1 智能仿真模型数据集构造 ⋯⋯⋯⋯⋯⋯⋯⋯⋯⋯⋯⋯⋯⋯ 147
  5.2.2 基于深度学习的结构状态智能仿真模型 ⋯⋯⋯⋯⋯⋯⋯⋯ 162
 5.3 沉管隧道排烟设施服役状态智能仿真 ⋯⋯⋯⋯⋯⋯⋯⋯⋯⋯⋯⋯⋯ 171
  5.3.1 排烟设施故障模式 ⋯⋯⋯⋯⋯⋯⋯⋯⋯⋯⋯⋯⋯⋯⋯⋯⋯ 171
  5.3.2 数据集构造 ⋯⋯⋯⋯⋯⋯⋯⋯⋯⋯⋯⋯⋯⋯⋯⋯⋯⋯⋯⋯ 173
  5.3.3 排烟设施智能仿真模型构建 ⋯⋯⋯⋯⋯⋯⋯⋯⋯⋯⋯⋯⋯ 178
  5.3.4 评估及验证 ⋯⋯⋯⋯⋯⋯⋯⋯⋯⋯⋯⋯⋯⋯⋯⋯⋯⋯⋯⋯ 179
 5.4 沉管隧道照明系统服役状态智能仿真 ⋯⋯⋯⋯⋯⋯⋯⋯⋯⋯⋯⋯⋯ 180
  5.4.1 数据集构造 ⋯⋯⋯⋯⋯⋯⋯⋯⋯⋯⋯⋯⋯⋯⋯⋯⋯⋯⋯⋯ 180
  5.4.2 照明系统智能仿真模型构建 ⋯⋯⋯⋯⋯⋯⋯⋯⋯⋯⋯⋯⋯ 190
  5.4.3 评估及验证 ⋯⋯⋯⋯⋯⋯⋯⋯⋯⋯⋯⋯⋯⋯⋯⋯⋯⋯⋯⋯ 193
 5.5 本章小结 ⋯⋯⋯⋯⋯⋯⋯⋯⋯⋯⋯⋯⋯⋯⋯⋯⋯⋯⋯⋯⋯⋯⋯⋯⋯ 195

第 6 章　沉管隧道服役状态综合评估平台

 6.1 需求分析 ⋯⋯⋯⋯⋯⋯⋯⋯⋯⋯⋯⋯⋯⋯⋯⋯⋯⋯⋯⋯⋯⋯⋯⋯⋯ 198
  6.1.1 功能需求分析 ⋯⋯⋯⋯⋯⋯⋯⋯⋯⋯⋯⋯⋯⋯⋯⋯⋯⋯⋯ 198

  6.1.2 性能需求分析 …………………………………………… 198
  6.1.3 其他要求 ………………………………………………… 199
 6.2 平台架构设计 …………………………………………………… 199
  6.2.1 设计原则 ………………………………………………… 199
  6.2.2 平台技术架构 …………………………………………… 199
  6.2.3 应用体系架构 …………………………………………… 200
  6.2.4 平台硬件环境部署 ……………………………………… 201
 6.3 平台细部设计 …………………………………………………… 202
  6.3.1 数据库详细设计 ………………………………………… 202
  6.3.2 数据接口设计 …………………………………………… 203
 6.4 平台实施与部署 ………………………………………………… 203
  6.4.1 沉管隧道总体服役状态评估 …………………………… 204
  6.4.2 隧道土建结构服役状态评估 …………………………… 205
  6.4.3 交通工程与附属设施服役状态评估 …………………… 207
 6.5 本章小结 ………………………………………………………… 212

第 7 章　结语

 7.1 主要结论 ………………………………………………………… 216
 7.2 研究展望 ………………………………………………………… 217

参考文献

索引

CHAPTER 1 | 第 1 章

绪论

沉管隧道为预制、装配式长大结构体系，长期承受海底洋流、地质运动、车辆荷载等复杂服役环境的耦合作用，其安全服役状态的演变劣化不可忽视，涌现出沉降变形、裂缝和渗漏水等一系列病损，不仅增加了养护难度和成本，严重时甚至将直接影响线路安全运营，带来重大人身及财产损失。因此，感知并评估沉管隧道服役状态、科学指导养护维修的实施，是保障隧道长期安全运营的迫切要求。

为此，本章以港珠澳大桥集群工程桥岛隧一体化评估为工程背景，介绍沉管隧道发展概况与关键需求，充分调研沉管隧道服役状态感知与评估研究及工程现状，从中总结出本书研究出发点及主要内容。

1.1 研究背景

1.1.1 港珠澳大桥桥岛隧一体化感知与评估

港珠澳大桥地处珠江口伶仃洋海域，是在海洋环境下建造和运营的跨海集群工程，是连接香港特别行政区、广东省珠海市、澳门特别行政区的大型跨海通道。大桥工程集桥岛隧于一体，全长约55km，其中主桥长度约29.6km，穿越伶仃航道和铜鼓西航道段的为长6.7km的沉管隧道，东、西两端各设置一个海中人工岛(蓝海豚岛和白海豚岛)。

港珠澳大桥的战略地位和对通航的要求极高。它代表了中国交通基础设施建设的最高水平，是标志我国从"交通大国"迈向"交通强国"的国家工程。同时，港珠澳大桥是现今世界上建设规模最大、运营环境最复杂的跨海工程，设计使用年限首次采用120年标准，长期承受风、浪、洋流、温度、盐雾、行车等复杂因素的耦合作用，并可能受到火灾、船撞、地震等极端灾险的考验，面临着桥梁、人工岛、沉管隧道协同服役的安全性、稳定性和耐久性难题。充分有效的运营与维护是交通基础设施持久安全服役的基本保障，直接关系到设计使用寿命、经济社会效益的实现。因此，全面感知、评估港珠澳大桥集群工程的服役状态，进一步指导运维决策的科学制定，成为大桥运营和延寿的关键需求。

目前，我国已经形成了一套较为完善的跨海桥梁结构的检测、监测与评估技术体系，并在大量的工程中得到了应用和发展，为跨海桥梁结构提供了有效的保障和管理手段。然而,港珠澳大桥以人工岛作为桥隧转换设施的应用在国内属于首次,关于人工岛评定和沉管隧道评定的理论方法和技术体系在国内外都是空白,缺乏可参考的技术规范和标准。目前在集群工程服役状态维养领域,国内外运营及科研人员主要针对单一结构设施及特定服役阶段,导致各组成部分的评估体系相互割裂,不可避免地造成了"信息孤岛",制约了运维决策的协同联合及高质高效实施。而对于建设规模更大、运营难度更高、涉及领域更多的跨海集群交通基础设施维养决策,无法单纯依靠人工巡检、随机抽查以及限制荷载等传统方法,且现行规范标准所提供的评定方法及实施流程难以高度契合智能运维与决策,尤其是对于港珠澳大桥这种由桥梁、人工岛与沉管隧道组成的超大跨海集群工程,迫切需要建立全方位感知、系统化评估及智能化维养体系。

针对以上问题,国家重点研发计划项目"港珠澳大桥智能化运维技术集成应用"提出桥岛隧结构一体化感知与评估体系,框架如图 1.1-1 所示。体系建立了桥岛隧不同设施类型的"技术状况评定-适应性评定-综合评定"评估方法与标准,打通了"数据感知-仿真分析-结构响应-结构评定"业务链条,为桥岛隧服役状态评估奠定理论基础,实现了桥岛隧服役安全性能、适用性能、耐久性能等综合性能的评估;进一步研发了桥梁、人工岛、沉管隧道服役性能仿真在线评估及分级预警系统,实现了桥岛隧结构服役性能的实时评估与分级预警。

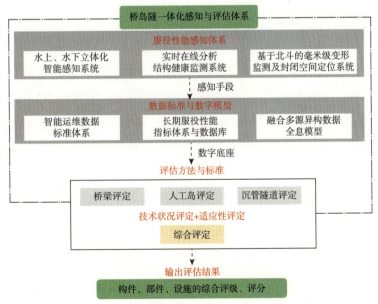

图 1.1-1　桥岛隧一体化感知与评估体系框架

本书依托港珠澳大桥桥岛隧一体化评估体系的关键一环——沉管隧道服役状态评估工程背景,基于国家重点研发计划项目"港珠澳大桥智能化运维技术集成应用"课题二子课题三"沉管隧道服役状态智能仿真、在线评估与分级预警",从桥岛隧一体化评估体系框架出发,围绕港珠澳大桥沉管隧道外海深埋、条件复杂和工程结构特点,开展沉管隧道服役信息智能感知、服役行为模型试验、服役状态智能仿真、服役状态评估和预警等关键技术研究,最终形成沉管隧道服役状态"感知-仿真-评估-预警"技术保障体系。相关研究成果能够为行业内海底沉管隧道智能运维的应用研究提供工作标杆和成果借鉴,推动传统领域与新兴人工智能技术的融合,为我国加快建设交通强国提供助力。

1.1.2 沉管隧道概况及其服役特点

沉管隧道是由分段预制的混凝土管节在水下压接贯通而成的装配式长大结构。自1910年世界首座沉管隧道——美国底特律河双线铁路沉管钢壳隧道建成运营以来,沉管隧道在百余年间取得了跨越式发展。目前,全世界已有各类沉管隧道近200座,成为众多线路在跨越江河、海峡时的咽喉性工程。随着越来越多的沉管隧道投入运营,其在长期服役过程中的安全性、稳定性逐渐成为运营部门关注的重点。

沉管隧道是包含土建结构和机电设施等的复杂系统工程,面临"两变"与"两不"的突出难题:①外部环境"持续改变"。沉管隧道长期承受海底洋流、地质运动、车辆荷载的耦合作用,其外部服役环境是持续改变且包含高度随机性的复杂多荷载场。②自身状态"动态演变"。沉管隧道长距离延伸、柔性连接的结构特性使其长期处于"平衡-演变"的动态服役,其力学状态与内在性能的演变不能忽视。③初始状态"不易获取"。沉管隧道设计、建造过程中的不确定性,导致其建设完成及运营之初的关键初始状态难以准确获知,极大制约具体工程服役状态的识别与跟踪。④原位测试的"不易实施"。沉管隧道为水下基础设施,结构复杂且安全要求严格,止水系统、预应力筋等关键结构性能表征难以直接测试,存在时间与空间的感知盲区。因此,对沉管隧道进行长期准确的检测监测和诊断评估,从而全面掌握隧道运营状况并科学指导养护维修实施,是保障隧道正常安全运营的迫切要求。

尽管运维管理部门已经有了一套较为成熟的隧道运营安全保障体系，但其主要以人工定期检测为主，并辅以关键部位的局部定点监测手段，难以全面感知隧道的服役状态，无法实现对其真实、内在服役状态的综合评估。为此，本书从沉管隧道长期安全服役的智能化、精细化运维需求出发，围绕其土建结构及机电设施服役状态的智能感知及综合评估技术开展深入研究，以期完善沉管隧道运营安全保障体系，提升我国隧道工程服役状态科学维养水平。以下对沉管隧道的发展概况及服役特点进行表述。

沉管隧道通常由敞开段、暗埋段、沉埋段以及岸边竖井等部分组成。在施工过程中，先将预制的钢筋混凝土管段浮运至现场，之后顺序沉放至水下预先挖好的基槽设计位置，并排水、连接形成一个密封的通道，最后回填基槽以保护和固定管段，安装通风、照明、供水等设施，完成隧道的建设。沉管隧道具有横断面利用率高、埋深浅、与两岸连接灵活、易于保证施工质量等特点，已成为现阶段跨江（河）越海通道的重要建设方案之一。

1810年英国工程师首次提出了沉管隧道的概念。直至1910年美国底特律河双线铁路沉管钢壳隧道的建成，才标志着沉管隧道正式诞生。1941年，世界首座矩形断面钢筋混凝土公路沉管隧道（Maas隧道）在荷兰鹿特丹建成，具有里程碑意义。沉管隧道于20世纪60年代后进入快速发展时期。2013年，国际隧道协会（ITA）公布已建和在建的沉管隧道共180座，其中用于公路与铁路的交通型和用于水力供应或发电站冷却水进出口的服务型沉管隧道分别占76.1%和23.9%；62.66%的交通型隧道用于汽车通行，相关数据如图1.1-2所示。在116座典型交通型隧道中，63.79%为双洞断面的管节形式，相关数据如图1.1-3所示。截至目前，全世界已有各类沉管隧道近200座，具体数据如图1.1-4、图1.1-5所示。

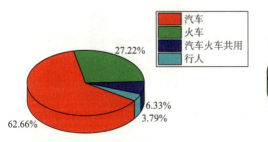

图1.1-2　交通型沉管隧道用途分析

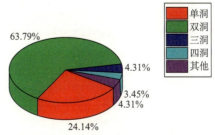

图1.1-3　交通型沉管隧道断面形式占比

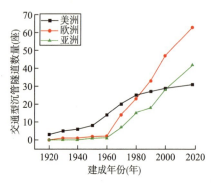 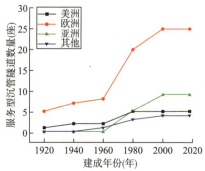

图 1.1-4　交通型沉管隧道增长情况　　图 1.1-5　服务型沉管隧道增长情况

我国内地的沉管隧道在 20 世纪 90 年代首次建成,为广州珠江隧道。据不完全统计,截至 2020 年底,我国已建和在建的交通型沉管隧道数量已达 26 座。

图 1.1-6 ~ 图 1.1-9 表明,我国沉管隧道虽起步较晚,但总体体现出隧道长度、断面尺寸、车道数量持续上升的趋势。主要特点如下:38.5% 为短隧道,但随着近年来港珠澳大桥沉管隧道和深中通道海底隧道等工程建设,沉管隧道长度在不断突破,其中港珠澳大桥沉管隧道最长,达 6700m;68% 标准管节的长度在 120m 以下,最长达 180m;标准管节断面宽度主要分布在 30 ~ 40m 区段,占 42.31%,其中深中通道海底隧道管节断面宽度最大,达 55.46m;结构形式涵盖混凝土、钢壳和钢壳混凝土等,92% 均为混凝土结构;交通形态则包括双向四 ~ 八车道公路隧道和双线铁路隧道等。

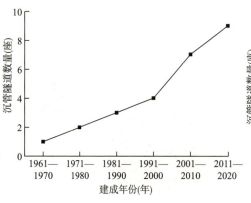 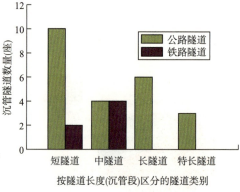

图 1.1-6　我国沉管隧道建设情况　　图 1.1-7　隧道长度(沉管段)分布

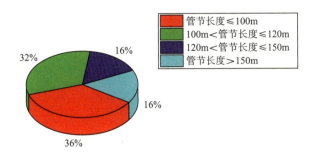

图 1.1-8 标准管节长度分布

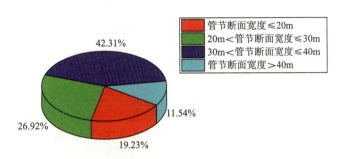

图 1.1-9 标准管节断面宽度分布

目前,我国沉管隧道主要集中在环渤海、长三角及珠三角经济发达地区,且已建成了世界最长、断面最大等经典工程,表明我国在沉管隧道建设领域取得了突出成就。可以预见,随着未来我国城市群和经济带的协同发展,将会涌现更多沉管隧道。

相较于其他隧道形式,沉管隧道作为预制管段组成的水下结构,同时承受管节自重、水压、土压、车辆荷载等多种因素的耦合作用,其承载模式还受到接头构造、基槽形状、地基性质、回填材料等设计因素的影响,此外在服役过程中还会面临一系列灾害事故的考验。因此,沉管隧道在复杂条件下的服役行为极为复杂,由土建结构及机电设施共同构成的沉管隧道系统面临着长期安全服役的突出挑战。

一方面,必须保证沉管隧道土建结构的运营安全与防灾减灾。沉管隧道作为一种特殊的水下交通设施,首先需要考虑在结构恒载、水压、温度及交通荷载等作用下,管节、接头等关键结构的完整性和水密性,保证其能够发挥理想的限位与抵抗能力。同时还要考虑如何应对海底漏水、船舶碰撞、地震液化等可能发生的灾害情况对结构的影响,并制定有效的防灾减灾举措。例如,港珠澳大桥沉管隧道在设计时考虑了多种极端荷载,如爆炸、沉船、掉锚、波浪和地震等,并采取了多种防火构造和防水措施,以提高结构的安全性和耐久性。

另一方面,必须保证沉管隧道机电设施的运营效率与长期稳定。沉管隧道机电设施包括通风、照明、监控、消防、通信、供电等系统,是保障隧道内交通安全和舒适的重要组成部分。首先需要考虑如何优化这些系统的设计和配置,以满足隧道内的空气质量、照度、视觉效果、火灾探测与灭火、信息传递与联络、电力供应与稳定等要求。同时还要考虑如何提高这些系统的可靠性和维护性,减少故障发生的概率和影响,以及降低维修成本和时间。例如,广州车陂南沉管隧道采用了先进的交通监控系统,可以实时监测车辆速度、密度、车道占用率等参数,并根据不同的交通情况调整信号灯、限速标志、变色箭头等设施,以提高运营效率和长期稳定。

由此可见,对于沉管隧道,长期运营安全保障是一个极为复杂的系统工程,需要在运营过程中充分考虑各种内、外部因素的作用和影响,采用合理方案与创新技术,全面感知隧道服役状态,从而进行科学的运维决策,实现沉管隧道运营安全与综合品质的提升。

1.1.3 沉管隧道服役状态管控需求

在确定沉管隧道的工程特征及服役特点基础上,还需明确沉管隧道服役状态的内核和管控需求,为后续沉管隧道服役状态综合管控技术的研究提供方向。

根据上海市住房和城乡建设管理委员会发布的《道路隧道大修技术标准》(DG/TJ 08-2366—2021),服役状态的概念可表示为"运营隧道结构符合预定性能的水平,可用性能指标来表征"。

关于服役性能的理论内涵,在建筑工程领域早已有较为广泛接受的概念。"服役"指隧道基础设施为交通线路穿越山体、水体、土体等时,能够在一定时期内为交通工具提供路径、途径,其中的"一定时期"即为服役周期、隧道设计周期或设计寿命;而"性能"则指机械、器材、物品等人工制品所具有的性质和功能。由此可见,隧道服役性能是指基于隧道工程的技术标准、定位,隧道基础设施在使用过程中实现其应具有的功能以及满足人们交通出行需求的能力。

隧道服役性能的降低存在于隧道运营的整个寿命阶段。国际隧道协会(ITA)的第六工作组研究了隧道运营过程中影响隧道服役性能的关键事项及可能出现的病害,针对欧洲大部分出现严重病害的隧道,对如何开展在役隧道安全性检测、评估、维护及修复等方面进行了论述。袁勇、刘涛等从隧道结构服役性能出发,对既有打浦路隧道的历史资料及现状进行了较为详细的调查,发现该隧道存在较为严重的安全性和耐久性问题,分析服役性能严重退化主要原因的同时提出了既有隧道检测方案及损失评估模型;刘涛将隧道服役性能概括为安全性、适用性和耐久性三个方面,通过引入随机 Markov 模型,结合定义的隧道结构服役寿命条件状态,分别给出了既有隧道结构性能退化过程和隧道结构维护修复行为的 Markov 转移概率矩阵和相应的条件状态预测评价方法;张鸿飞、王小龙等基于知识图谱和动态评估模型提出了考虑历史病害的隧道服役状态评估方法,为地铁盾构隧道智能运维提供了针对性指导;姚旭朋、徐立明对隧道服役环境和结构性能劣化原因进行了深入探讨,阐述了开展隧道结构维护研究的必要性及其对延长隧道服役寿命的重要性。

随着在役隧道运营年限的增长,国内外学者对于隧道服役状态的研究方兴未艾,服役状态的评价关乎维护管理的对策选择,因此全面掌握其服役状态,明确其长期演化规律,开展相应的评价分级工作是实现沉管隧道长期安全服役精细化、智能化管控的当务之急。而结合前文沉管隧道的服役特点,必须解决以下4 个方面的关键需求。

(1) 如何综合评估沉管隧道服役性能

沉管隧道土建结构与机电设施构成了协同服役的综合系统,因此对沉管隧道服役性能的评估应当综合考量土建与机电两个方面。而为了服务于现场运营实践,应形成适用于现场周期性检测及无人化监测的指标体系及分级评价限值,并形成涵盖结构完整性、设施可靠性、环境适应性等诸多功能需求的综合评价方法。

(2) 如何全面感知沉管隧道服役信息

沉管隧道服役状态的感知是指通过各种检测、监测手段,获取沉管隧道土建结构及机电设施在服役环境、外部响应及功能表征等方面的数据信息,从而反映其运营状况和安全性能。需重点考虑感知对象、指标及方法选择,并在此基础上建立感知系统,实现数据的集成处理和智能分析。

(3) 如何科学分析沉管隧道演化规律

分析并掌握沉管隧道在长期服役过程中的演变劣化规律及灾变机理,是明确沉管隧道所处服役阶段、实现综合评估的必要条件。对沉管隧道演化规律的深入研究,须依靠仿真和试验手段的紧密结合。其中,仿真为规律研究提供了全面、灵活的分析手段;而试验手段则为关键本构关系的获取、理论模型的对比验证及复杂服役行为的模拟提供了支撑,受限于沉管隧道的巨大规模,通常采用缩尺试验。

(4) 如何智能推演沉管隧道服役状态

沉管隧道为水下基础设施,结构复杂且安全要求严格,面临着从局部点位、特定时段的结构及设施服役信息中推演系统整体状态的分析需求。而随着分析对象的日益复杂,模型精细化程度需求不断提高,随之而来的计算成本也呈几何增长。传统确定性分析的可靠性依赖于本构、环境、相互作用参数的准确获取,在复杂的建设、运营条件下难以实现。为此,有必要通过海量服役知识累积、智能算法深度挖掘,建立一种全新的服役状态仿真分析手段。

1.2 沉管隧道服役状态感知与评估技术现状

1.2.1 沉管隧道运营现状及病损情况

目前在役沉管隧道运营状况总体良好,但仍存在一些突出问题。由于环境条件、设计施工和运维管理等因素,部分在役沉管隧道的接头、主体结构和附属结构与设施先后出现沉降、裂缝、接头防水条损坏和渗漏水等病损。出现病害既增加运维成本又危及运营安全,因此对病害及其成因的分析与对策研究于在役沉管隧道尤为必要。

1) 接头病损

管节接头因包含剪力键和止水系统等,在沉管隧道中起着适应变形和防水的关键作用,由于较长的沉降周期带来管节间不均匀沉降,剪切、扭转等变形都集中到了接头位置。由试验得出服役状态下接头相对管节的轴向刚度为 1/360～1/120,抗弯刚度为 1/212～1/29,可见接头是整体结构中最为薄弱的部位。胡指南等结合数值模拟和模型试验分析得出,当出现不均匀沉降时,剪力键经历初步压缩、充分受力和屈服三阶段,其剪力分布规律主要取决于节段的横向结构刚度,断裂破坏主要出现在竖向剪力键的连接角和端角部位;此外,管节纵向薄弱断面即接缝处的相对位移引起的止水带张开变形也危及隧道水密性安全。但实际运营中,剪力键、止水带等关键部位在不均匀沉降作用下的受力变形数据情况由于种种原因则鲜有报道。荷兰水运当局多年来进行的隧道位移监测记录表明,荷兰 Kil 隧道曾因沉降不均导致接头处发生渗漏水。

工程人员早期对沉降问题并未给予重视,但随着越来越多的隧道投入运营,运营期沉降实测值往往超过了设计阶段预测值。搜集和分析国内外 23 座沉管隧道的最大沉降量和 9 座沉管隧道的接头相对沉降量,相关数据表明,78.3% 的沉管隧道最大沉降量能控制在 200mm 以下,最大沉降量 450mm,最小沉降量 25mm;66.7% 的接头相对沉降量控制在 40mm 以下,最大相对沉降量 77mm,最小相对沉降量 20mm。其中,荷兰鹿特丹 Maas 隧道自建设始至运营 27 年内的沉降达 45mm;美国 Baytown 隧道建成后第七年因地下资源的大量开采,总沉降达 450mm;瑞典哥德堡 Tingstad 隧道沉降则主要发生在早期,但现有数据表明最大沉降量与运营年限相关性并不明显。在造成沉降的多种因素中,地基条件占主导地位,其次是基槽回淤和超载影响,还包括潮汐、地下资源过量开采和地震等因素;基础形式中,采用喷砂基础和压浆基础能显著控制差异沉降,例如中国广州珠江隧道最大沉降量仅 25mm,而刮铺碎石基础和压砂基础对后期沉降影响较大;相关试验表明水平地震波相较垂直地震波更能引起沉管隧道的结构应变,且在其作用下中隔墙转角处易发生破坏;潮汐引起的最大应变增量占总应变的 12%～15%。

2) 主体结构病损

主体结构病损主要体现在管节主体和中管廊隔墙出现的裂缝、渗漏水等。部分隧道在管节浇筑完成后侧墙出现了局部贯通裂缝,部分隧道基坑回填后出现岸上段多处变形缝和暗埋段管节外侧墙局部裂缝渗水情况,有的隧道甚至仅通车三年就出现大量结构裂缝从而提前进入大修阶段。竖向裂缝产生的原因主要为混凝土浇筑初期的温度应力和收缩应力共同作用;斜向裂缝主要是由于管节不均匀沉降和重车荷载作用;渗水是由于隧道上方覆土层含水率大,极易在裂缝位置产生积水。

3) 附属结构与设施病损

附属结构病损主要包括路面产生裂缝、排水设施堵塞、检修道损坏以及装饰板和防火板渗漏水等。在一项对国内外12座沉管隧道进行沥青路面服役现状的调研中发现,服役5年以上的隧道路面均出现了裂缝、坑槽、抗滑性能不足、平整度差或管节/节段接缝处破损等病害,造成上述病害的原因包括管节温缩变形、施工技术、交通荷载等因素。至于照明、通风、供配电和消防等附属机电设施,目前很少有基于沉管隧道服役角度的专项报道;但事实上,由于沉管隧道多为宽体矩形断面,其附属设施的病损特征与常规山区钻爆隧道并不完全相同,业内对此的分析研究较缺乏。

1.2.2 沉管隧道感知与评估技术

1) 服役信息感知

沉管隧道处于水下岩土体中,其运营环境条件特殊且结构设施庞杂,及时掌握沉管隧道外部服役环境及内在服役状态,对保障沉管隧道的安全运营具有重要意义。为此,从地形地层探测及海洋动力监测角度对沉管隧道服役环境的感知技术现状进行调研,并从土建结构及机电设施对沉管隧道服役状态的感知技术现状进行调研。

(1) 地形地层环境感知

对运营期间水下沉管隧道的地形地层条件进行检测,可以及时发现和评估回淤、沉降、位移、应力、渗水等问题,保证隧道结构的安全性和耐久性,保持隧道的通行能力和舒适性,保护隧道的周边环境和结构物,提高隧道的管理和维护效率。因此,对沉管隧道周边地形地层环境的感知十分必要。传统的地形地层扫测依赖于人工检测,在实际应用中存在以下不足:首先,人工扫测受操作人员技术熟练度影响较大,具有较强的不确定性,难以保证每次检测结果的可回溯性;其次,既有扫测方法缺少统一的标准化测试流程,每次扫测的路径难以控制,无法保证每次扫测的范围、方向和深度的一致性,因而无法提供沉管隧道顶部回淤信息的全面覆盖和精确定位分析;此外,传统扫测后形成纸质报告、海图等,缺乏数据呈现和分析的灵活性和智能性,导致数据的处理、应用相对低效。

由此可见,有必要开展基于无人搭载平台的水下地形、地层检测技术及装备研究,通过无人化的方式解决检测路径不一致的问题,提高检测数据的可比性;研发水下地形、地层数据处理软件系统,分割测量的点云数据,提取目标物点云,分析桥墩形状及位置,比较不同期目标形态信息,统计给出冲淤变化量,实现隧道顶部地形地层数据前后对比;研究水下地形、地层检测数据处理及可视化呈现技术,提升数据可用性、可读性。

(2)海洋动力环境感知

海底沉管隧道作为跨越海域的重要交通工程,其结构安全和运营效率受到周边海洋动力环境的影响。然而,过去对于这一环境的监测较为缺乏,且主要集中在隧道的设计、建设阶段,只能反映短期、局部的海洋动力情况,缺少针对具体工程周边长期洋流、潮汐环境的长期基础数据累积。这就导致对沉管隧道状态管控及性能演化的研究缺乏基础数据的支撑,无法准确评估和预测隧道结构的变化和影响。

以港珠澳大桥为例,在其前期工可和建设阶段,均开展了伶仃洋海域和工程水域的海洋动力环境观测工作,系统梳理了工程海域的水文、动力、泥沙冲淤和水质环境等方面的特征。上述阶段的监测采用多处布点方式,重点观测了伶仃洋海域宏观方面的海洋环境特征,并对工程局部的结构设计水文参数通过模型仿真的方式进行推演。然而,大桥集群工程的建设同样会对区域海洋动力环境产生影响,上述推演方式在实际运营阶段的准确性与可靠性有待考量。

为此,考虑大桥建成后工程局部区域实测水文数据尤其是长系列的海洋水文环境数据缺乏,管理部门通过在青州航道桥北侧4号平台建立海洋水文观测系统,对实际桥区的潮位、流速、波浪、风和温盐等多种水文参数进行定点、长期的实时观测,从而分析大桥海域的海洋环境参数变化特征。并在台风等极端天气条件下进行风浪流等动力参数的实时监测,高效研判台风天气对大桥结构安全的影响程度,为大桥工程运维提供基础数据支撑。

(3) 土建结构及机电设施状态感知

沉管隧道土建结构在长期运营过程中可能会遇到结构耐久性不足而导致的各种病害,危及隧道内行车安全,降低隧道结构使用寿命。此外,沉管隧道会随着使用年限的增加出现一定程度的老化,尤其是修建在软土地层中的沉管隧道,由于地基的沉降和车流、潮汐、淤积深度等外部可变荷载的反复作用,会使隧道产生不均匀沉降和局部受损,给隧道结构安全带来隐患。而海底沉管隧道环境相对恶劣,高湿、高盐度的环境对于机电设施的运行造成极大损坏,长期的运行使得机电设施性能逐步衰损,导致"带病"机电设施越来越多,难以满足沉管隧道的安全运营需求。因此,对沉管隧道土建结构及机电设施服役状态的感知对沉管隧道安全、长期的运营维护具有重要意义。

广东省发布的《内河沉管隧道管养技术规范》(DBJ/T 15-156—2019)指出,隧道结构的管养工作应包括日常巡检、定期检测、专项检测、健康监测和养护等内容。其中日常巡检的对象包括主体结构、附属结构和隧道保护区,检测内容包括岸上段及沉管段的渗漏水、变形、开裂、止水带破损,管节接头的渗漏水、相对位移、竖向剪力键裂缝错台及其支座的变形移位,路面积水、坑槽、拱起,检修道破损,排水沟堵塞、积水及各种附属设施的变形脱落等;分为1次/日、2次/日、1次/月等频率,定期检测频率宜每年1次;专项检测内容及要求则根据日常和定期检测结果而定,其中管节接头部位不宜少于5年1次;健康监测则采用传感器实时监测和人工定期监测相结合的方法,主要监测对象包括管节竖向位移、接头错位和水下覆盖层状态等内容,并根据监测结果与数据分析提出进一步的养护建议。

英国公路协会将沉管隧道分为主体结构、管节接头、节段接头和内装四部分,分别开展不同的监测和检测工作,并分为1次/(1~3)月、1次/年、1次/6年和按需检测四档频次。国际隧道协会(ITA)指出,每次常规的检测与监测工作要分析沉管隧道结构健康监测系统的有关数据,从而综合判定需要开展的维养工作;而机电系统的缺陷,特别是照明系统,其更换与维修需要根据定期检测报告作好维养计划。相较而言,《内河沉管隧道管养技术规范》(DBJ/T 15-156—2019)中的管养范围更全面,检测频率更高,更侧重于沉管隧道全生命周期的健康监测。

由此可见,目前国内外沉管隧道检测方法以人工测试和无损检测相结合为主,其中探地雷达(GPR)在发展较为成熟的无损检测技术中以其精准和不易受温度、障碍物影响的优势而得以广泛应用。在英国 Medway 隧道接头检测和港珠澳大桥沉管隧道渗漏性检测中分别使用了两种不同频率的雷达探测系统和不同类型的无损检测技术,对比发现仅凭一种技术无法做到数据有效性、探测时间和扫描范围等方面的兼顾。因此,为准确检测沉管隧道病害情况,应结合使用多种无损检测技术。

此外,为弥补传统人工检测方法无法进行 24 小时不间断监测以及不能对病害做出及时响应的缺陷,由现场监测传感器硬件系统和分析控制软件系统构成的实时健康监测系统,已相继在甬江隧道、珠江隧道、洲头咀隧道、港珠澳大桥沉管隧道、车陂路—新滘东路隧道和常洪隧道中应用,主要监测不均匀沉降、接头变形、裂缝和钢筋腐蚀等。不过,在甬江隧道曾出现传感器由于现场保护难度大、遭受不同程度的损毁而导致监测数据的连续性和准确性受到影响的情况。港珠澳大桥沉管隧道基于摄影测量技术,研发安装结构位移自动化监测系统与装备,实现沉管隧道接头错位变形的非接触式、高精度自动化实时监测。

综合来看,目前沉管隧道检测尚无统一技术规范,而且沉管隧道健康监测系统的建立普遍具有滞后性和时效性,不能实现对隧道全生命周期的有效监测,相关数据库的建立也存在空白,不利于掌握结构损伤、设施失效的实时动态及发展趋势。此外,沉管隧道由于其自身结构复杂性和运营环境特殊性,对运营环境关键要素的监测对象更广,对健康监测的技术要求更高。可见,面向沉管隧道特点且具有精准、高效特点的检/监测技术仍有待研究。

2) 服役状态评估

荷兰早在 20 世纪 80 年代就对沉管隧道的检查、维护、维修和更换策略启动过相关研究工作,以协助设计和施工人员评估工程质量,但目前国际上尚未发布沉管隧道运营技术状况评价的相关统一标准。

我国针对沉管隧道运营状态评价的研究，初期侧重于病害调研分析和预防整治措施。Tang 等通过对港珠澳大桥沉管隧道的环境指标和耐久性指标的比较，对沉管隧道的腐蚀风险进行了评价；谢雄耀基于甬江隧道 23 年运营期间接头沉降的监测数据分析，提出了通过强制位移法对结构进行安全性评估的方法；赵煜等针对珠江隧道的结构裂缝、接头状况、覆盖层厚度等指标的检测结果，对沉管隧道进行了结构损伤状况、变形状况和受力特性等方面的评估；Xin 等采用极限应变法和有限元强度折减法相结合的方法，对沉管隧道的安全性进行了评价。除了对隧道整体进行评估以外，也有针对 OMEGA 止水带的性能评估和使用寿命预测，以判断是否其满足项目设计要求。曹文宏沿用《盾构法隧道结构服役性能鉴定规范》（DG/TJ 08-2123—2013）对沉管隧道的危险状态确立了相关判别指标和量化标准，并提出了接头允许变形量的标准参考值。

其后，学者多结合检测与监测技术应用，研究进入基于数据的评估诊断阶段。章勇、徐向春等以南昌红谷隧道为例，基于隧道健康监测系统对其受力、变形等关键指标的实时测取，采用层次分析法和模糊综合评价法，实现了对隧道健康状态的自动评估，同时给出预警、报警、管理和养护建议；张敏采用主客观融合的层次分析法对沉管隧道进行了健康状态评价中的权重分析研究；刘正根等依托宁波甬江隧道，通过监测系统的数据自动采集和管理实现实时动态的结构分析和安全评定，为隧道安全运营提供决策支持；《内河沉管隧道管养技术规范》（DBJ/T 15-156—2019）对隧道结构各项权重及技术状况评定分级进行了详细规定，针对各评定结果制定了相应的维养措施，并应用于广东省内河沉管隧道的管理养护。

综合来看，隧道服役状态的评估诊断与检测监测技术密不可分，但目前国内外尚无沉管隧道结构服役性能检测与评估的统一规范，对于沉管隧道的重要机电设施与排烟道、防火板等关键防灾设施的评估也基本处于空白。因此，对比钻爆法公路隧道服役状态的评估技术水平，需要加强新技术引入，实施对沉管隧道关键状态信息的实时监测，继而开展系统科学的安全性能评估，这对于维养策略的合理制定尤为重要。

1.3 沉管隧道服役状态感知与评估技术难点

沉管隧道建设领域历经一百余年的发展,已在诸多关键技术上取得了实质性突破。2021年9月,为加快建设交通强国,推动交通运输领域新型基础设施建设,交通运输部发布《交通运输领域新型基础设施建设行动方案(2021—2025年)》。该方案对推动公路感知网络与公路基础设施建设养护工程同步规划、同步实施,提升公路基础设施全要素、全周期数字化水平,增强在役基础设施检测监测、评估预警能力做出了明确指示。

显然,随着我国隧道建设规模呈现增大趋势,"建养并重"已成为当前隧道技术发展的转型方向。隧道的维护管理总体上包含以下两大方面内容:服役性能的评价和维护对策的选择,而科学有效的隧道服役状态评价是准确可靠地选择维护对策的前提。沉管隧道处于水下岩土体中,运营环境条件特殊,运营设备庞杂,要保证安全运营,必须及时科学地掌握隧道的服役性能变化。《内河沉管隧道管养技术规范》(DBJ/T 15-156—2019)对隧道结构的管养工作对象及检测内容进行了详细规定,英国公路协会针对沉管隧道不同结构部位及对应的检测频次也制订了维养计划,荷兰早在20世纪初就曾对沉管隧道的检查维养及评估启动过相关工作。我国学者在该领域所做的大量研究工作经历了从病害调研分析及预防整治措施入手到基于数据的评估诊断和基于深度学习的预测预防等历程,提出了不少有益于合理制定维养策略的有效建议,但仍面临着以下诸多缺陷。

(1)沉管隧道服役状态评估尚无统一标准

目前,国内外尚未形成针对沉管隧道服役状态评估的标准规范,相较于山岭隧道和盾构隧道,沉管隧道在设计理论、施工方法、结构形式等方面都存在较大差异,既有评估方法难以直接适用。而在港珠澳大桥集群工程一体化评估的工程背景下,对于单个管节达上百米、总长度达数公里且包含众多复杂机电设施的沉管隧道,实现对其服役状态的综合评估具有重要意义。因此,有必要围绕沉管隧道的服役状态评估开展系统研究。

(2)沉管隧道服役信息缺乏系统化感知

沉管隧道作为系统工程,其长期服役的安全性与稳定性直接取决于其外部服役环境及内在服役状态。然而,受理论研究、测试手段及实际运营等多方面限制,尚未形成涵盖沉管隧道服役环境及状态的系统化综合感知。具体而言,对于沉管隧道所处的地质及洋流环境,既有感知手段大多依赖于人工检测,数据质量受到检测人员实施质量的影响显著,具有较强的随机性;对于沉管隧道土建结构及机电设施的服役状态,既有健康监测系统的系统化、智能化程度较低,无法满足沉管隧道这一水下长大结构系统的感知需求。由此可见,适合沉管隧道结构与环境特点又精准高效的检测与监测技术仍有待进一步研发。

(3)沉管隧道服役行为及演化机理不清

沉管隧道是由土建结构及附属机电设施组成的复杂系统。目前,针对沉管隧道服役行为及演化机理的研究大多基于仿真分析手段。然而受限于沉管隧道系统的复杂性,相关研究往往较多依赖工程经验与设计资料,而忽视沉管隧道在建设与运营中的不确定因素,导致其服役行为及演化机理仍有诸多不清晰之处。相较之下,模型试验为沉管隧道服役状态的研究提供了可靠的途径,能够突破实际沉管隧道无法试验的缺陷。但如何实现模型与实际结构间的合理等效,并以此指导典型服役场景下沉管隧道的服役行为分析,明确其在极端条件下的状态演化规律及所带来的服役风险,仍有待进一步系统研究。

(4)沉管隧道服役智能分析手段亟待研发

沉管隧道集中了众多服役难点,其内在状态存在感知黑箱:一方面,沉管隧道在水下压接施工完成并上覆碎石回填层,且由于沉管隧道设计、建造过程中的不确定性,导致其建设完成及运营之初的关键初始状态难以准确获知;另一方面,受限于其复杂性与安全要求,许多关键土建结构、机电设施的性能表征难以直接测试,存在时间与空间的感知盲区。因此,仅依靠现场实测服役信息,难以满足沉管隧道服役状态综合评估的数据完备性需求,有必要将实测数据与先验理论相结合,研发沉管隧道的智能化仿真分析手段,实现"感知有限数据,推演全局状态"的全新评估路径。

1.4 本书主要内容

为解决沉管隧道服役状态感知与评估所面临的工程技术难题,本书在港珠澳大桥国家重点研发计划项目"港珠澳大桥智能化运维技术集成应用"研究工作的基础上,系统阐述了沉管隧道服役状态感知和评估关键技术,主要涉及综合评估体系、服役信息获取、试验及分析方法、系统平台开发等方面。本书可为沉管隧道服役期技术攻关研究及管养策略制定提供理论与技术基础,同时对相关从业者开展沉管隧道设计、施工与维养工作具有一定的指导意义。主要内容如下:

(1)沉管隧道数字化底座及服役状态综合评估

针对港珠澳大桥集群工程一体化评估需求,聚焦沉管隧道结构及设施特点、环境特性与风险特征,构建面向港珠澳大桥沉管隧道的离散数字化模型,重点围绕影响沉管隧道服役安全与稳定的关键土建结构与机电设施,从整体技术状况和适应性两方面出发,开展系统、科学的评估方法及数据标准研究。

(2)沉管隧道服役环境及状态综合感知技术

结合港珠澳大桥海底隧道工程背景,针对沉管隧道复杂服役环境的感知问题,研发沉管隧道地形地层探测与海洋动力监测技术及装备;针对土建结构及机电设施的服役信息感知需求,从机器视觉、红外成像、激光传感、无人化测试等方面出发,研发一系列智能化感知手段及装备,结合具体工程进行示范应用。

(3)基于模型试验的沉管隧道服役行为及病损机理研究

针对复杂运营条件下沉管隧道长期服役机制,开展沉管隧道组合结构、接头止水带部件及照明系统的系统化模型试验,明确沉管隧道管节接头的力学行为机制及服役敏感部位,为现场监测与智能仿真提供重要依据;验证接头变形控制标准的合理性,探明照明系统失效模式对行车安全的影响规律。

(4)沉管隧道服役状态智能仿真技术

针对沉管隧道土建结构及机电设施服役信息的智能化推演需求,在模型试验明确机理的基础上,通过精细化数值仿真和深度学习智能算法的互联融合,提出基于正向模拟仿真与逆向智能分析和评价的沉管隧道土建结构及机电设施服役状态智能仿真分析方法,实现知识-数据耦合的沉管隧道关键服役信息全覆盖、实时智能推演。

(5)沉管隧道服役状态综合评估平台

针对沉管隧道海量测试与分析数据的工程应用需求,结合港珠澳大桥海底沉管隧道工程,从需求分析、平台架构设计、细部设计及平台实施与部署等方面,开展标准化、动态化、智能化的服役状态评估软件平台研发,在港珠澳大桥海底隧道工程进行长期应用。

CHAPTER 2 | 第 2 章

沉管隧道数字化底座与服役状态综合评估技术

沉管隧道的运营质量取决于土建结构与机电设施的服役状态，对二者全面、系统评估是隧道安全运营和科学养护的重要保障。然而，目前国内外针对沉管隧道土建结构及机电设施均缺乏统一的服役状态评估标准。在土建结构方面，受限于结构特征及服役环境的显著差异，既有山岭公路隧道、城市道路隧道的评定方法无法直接应用于沉管隧道中，且既有相关研究大多集中在沉管隧道沉降量控制标准方面。在机电设施方面，围绕沉管隧道特殊服役需求的机电设施评定研究尚属空白。

本章以港珠澳大桥沉管隧道为对象，重点围绕沉管隧道数字化底座与服役状态综合评定方法开展研究。首先，构建针对实际工程结构的数字化底座，实现隧道资产信息的管理及可视化，为沉管隧道健康监测、智能仿真及综合评估提供基本载体。其次，面向桥岛隧一体化评估需求，参考桥梁工程服役状态评估框架，从技术状况及适应性两个角度对沉管隧道进行评定。一方面，基于人工定期检测数据评估沉管隧道的技术状况，实现对各组成部分服役状态的整体把握；另一方面，面向复杂服役条件下沉管隧道的各项关键组成，基于多源感知数据，评估其对预期服役目标的适应能力。最后，形成技术状况评定与适应性评定相结合的综合评定体系，构建评定数据应用及管理标准，保证沉管隧道服役状态评估的系统性和可靠性。

2.1　港珠澳大桥沉管隧道评估数字化底座

从港珠澳大桥全生命周期业务协同出发，构建面向桥岛隧智能运维业务的全链条数据标准体系，采用元数据和元数据模型全面准确地表达运维阶段的结构静态信息和业务动态信息，同时考虑数据的互联互通，为桥岛隧集群工程运维全场景各业务集成、协同调度、及时响应等提供数据层面技术支持。基于自研数字模型构建平台和轻量化模型构建技术，将标准化的几何信息和非几何信息进行模型化和可视化，通过数据融合技术，解决港珠澳大桥运维中信息传递效率、使用准确性以及多源异构数据的融合与互联问题，从而降低运维技术难度，为港珠澳大桥智能运维提供高质量、高价值数据。

2.1.1　数据标准与数字化离散

沉管隧道结构数字化离散指基于沉管隧道结构、空间位置方式对沉管隧道中的土建结构与机电设施进行解构,并以竣工图纸为基础,通过建筑信息模型技术进行模型构建等数字化呈现的过程。港珠澳大桥沉管隧道体量大、结构复杂、服役环境恶劣,单要素、单维度的解构无法将工程实体对象真正应用于数字化生产中。其中过度解构会造成工程实体对象过多、数字化成果体量过大,无论是最终结果的呈现或实际养护业务的应用都无法支持;而粗略的解构会造成数字化沉管隧道与实体沉管隧道差异过大,无法支撑养护运维业务的开展。此外,《建筑信息模型设计交付标准》(GB/T 51301—2018)、《公路工程信息模型应用统一标准》(JTG/T 2420—2021)等标准缺少对沉管隧道的针对性解析。同时,现行标准多以建筑数据表示和交换标准(IFC 标准)体系为框架,IFC 标准以建筑为基础,对隧道工程有所拓展,但其体系整体是考虑与建筑体系的衔接与融合,对交通领域的针对性较弱,尤其是难以简单、高效地应用于沉管隧道数字化离散。因此,需要结合港珠澳大桥沉管隧道工程建设实际经验与养护运维业务需求,建立优化的信息模型构建标准。

研究团队在《桥岛隧智能运维数据标准体系建设指南》(T/GBAS 1—2022)的基础上,编制了《桥岛隧智能运维数据　沉管隧道》(T/GBAS 49—2022)和《桥岛隧智能运维数据　交通工程设施结构》(T/GBAS 51—2022),充分考虑了沉管隧道的土建结构与机电设施的实际养护运维需求和模型创建与展示的可行性,为港珠澳大桥沉管隧道的数字化离散提供数据标准基础。《桥岛隧智能运维数据　沉管隧道》(T/GBAS 49—2022)针对沉管隧道特殊的结构特点进行结构解析。《桥岛隧智能运维数据　交通工程设施结构》(T/GBAS 51—2022)从大桥整体的交通工程设施对象出发,对机电设施进行了针对性的划分,分别建立统一的沉管隧道土建结构与机电设施划分表,从部位、构件、子构件、零件四层对沉管隧道土建结构与机电设施进行类型层面的解构。同时,考虑沉管隧道建设维养环境的困难度、沉管隧道结构的复杂性以及未来工程技术发展的可能性,港珠澳大桥沉管隧道的数字化离散模型支持沉管隧道土建结构与机电设施划分方案在不同层级进行拓展,达到不增删原有结构即可对新增对象进行扩展并与原有数据融合。

在此基础上,依据港珠澳大桥竣工图纸对建模对象进行实例层面的解构,并依此应用自主研发的大型国产数据模型创建软件进行数字模型创建,完成数字港珠澳大桥沉管隧道的信息化、可视化、图形化的"零状态"建构,如图 2.1-1 所示。

图 2.1-1　港珠澳大桥沉管隧道模型

为满足港珠澳大桥智能化运维过程中的综合资产管理、监测检测、评定维养以及交通运营等实际应用场景的不同需求和各业务子系统对信息模型的调用要求,减少不同应用场景单独建模的大量重复性工作,在《公路工程信息模型应用统一标准》(JTG/T 2420—2021)运维阶段模型精细度 L6.0 规定的基础上,将运维阶段的沉管隧道模型进一步划分为 L6.1、L6.2 以及 L6.3 三种精细度(表 2.1-1),为沉管隧道评估提供多维度、精细化的数字底座模型建构方法。不同精度模型成果如图 2.1-2 所示。

运维阶段模型精细度划分　　　　　　　　表 2.1-1

模型精细度等级	精细度要求
L6.1	满足检测、运维作业规划的应用及展示需要,宜到部位或部件级
L6.2	满足人工或半自动化运维任务创建与实施的应用及展示需要,宜到构件或子构件级
L6.3	满足半自动化或自动化运维任务创建与实施的应用及展示需要,宜到子构件或零件级

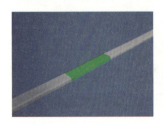  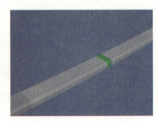

a)沉管隧道L6.1模型——管节、管节接头、最终接头

图　2.1-2

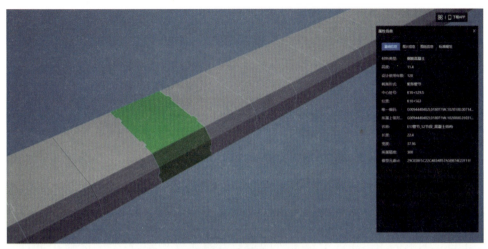

b) 沉管隧道L6.2模型——节段

 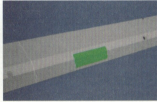 

c) 沉管隧道L6.3模型——装饰板、侧墙、止水带

图 2.1-2　不同精度模型成果

2.1.2　数字模型的构建与可视化展示

1) 模型快速构建技术

基于自主研发的国产建模平台开发辅助建模插件工具。对沉管隧道土建结构与机电设施的标准化构件进行构件库建设与参数化建模工具开发,支持不同沉管对象模型的快速构建。通过开发自动化及半自动化插件,快速批量地完成海量信息的生成与录入工作。模型构建完成后,通过数据交换形式拟合项目整体空间坐标系,验证所有构件之间的拓扑关系;通过研究不同类型的构件属性在数据交互过程中单元划分紊乱问题,优化调整模型构件绘制机理,确保模型单元划分层级稳定,融合跨平台多专业的模型数据,进一步对数据进行解析、渲染,并进行自定义场景创建,从而支持业务系统对于信息模型的调用。

2)模型轻量化技术

基于数据标准、结构解析和业务需求对数字模型的单体尺度要求进行信息模型创建,通过轮廓断面代替矢量路径控制点,在不损伤模型几何信息的基础上减小模型体量,充分发挥建模软件的共享单元机制,处理三维建模过程中结构类似构件,极大缩减文件体量。

3)多源异构数据融合技术

为了支持各业务系统不同应用场景的模型应用需求,满足不同精度、不同层级对象模型的实时切换,实现跨精度、跨层级、跨格式模型的自定义组合等功能,基于自主研发的国产建模平台与协同平台开发子模型聚合功能,支持不同任务下的子模型自定义生成、编码、展示、调用,建立沉管隧道全结构、全实例的结构树;同步创建挂接 L6.1、L6.2、L6.3 全精度模型场景,以编码的方式关联结构树与场景,并通过与结构树的交互,进行不同层级、不同精度、不同对象模型的展示与调用工作。依据不同应用系统功能模块的模型精度需求,在不同功能模块下,内置对应精度、视角、渲染方式的模型,最终实现包含止水系统、机电设施等沉管隧道重点结构对象的精细化展示,为沉管隧道的精细化管养尤其是深海服役环境的针对性管控评估奠定了基础,可与地形、跨海桥梁、离岸人工岛模型在同一场景下按需求进行组合展示与模型调用。各平台系统中的模型效果如图 2.1-3 所示。

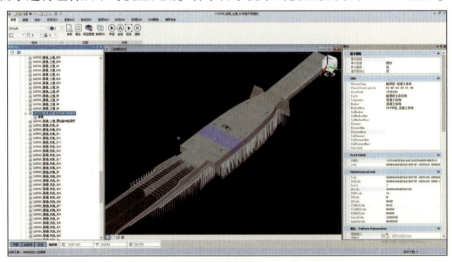

a)国产建模平台

图 2.1-3

b)模型协同平台

c)智能维养系统

图 2.1-3　跨平台数字模型

通过以上沉管隧道模型快速构建技术、模型轻量化技术、多源异构数据融合技术等技术研发，并基于数据标准和不同业务场景应用需求构建不同精细度等级的数据模型，同时涵盖几何信息和非几何信息，实现不同模型精度和信息深度的无缝衔接，实现模型三维可视化。同时，通过可视化模型应用协同平台，使多源异构数据模型实现跨平台协同处理与应用，解决沉管隧道全生命期运维数据种类多、结构复杂、动态性强而导致的数据融合难问题，实现数据模型在智能化检测、监测与评估等多应用场景下的可视化交互及综合展示应用，为沉管隧道的养护运维业务应用提供数据支撑。

2.1.3 沉管隧道评估的数字内核

在港珠澳大桥运维数据标准体系与数字化底座的基础上,从材料、构件和结构三个层次及性能指标、性能目标和质量控制三个维度,建立结构解析的多层次扩展模型,为沉管隧道的技术状况及适应性综合评定提供相关基础数据;并在结构解析的基础上,基于定期检测数据和实时监测数据等多源数据,构建沉管隧道多尺度、多维度、多来源的长期服役性能指标体系,为隧道评估提供性能指标,进一步建立"定性描述+定量描述+图形标杆"的病害分级评定标准,为隧道评估提供评定依据。

通过构建"数据标准-结构解析-数字模型-病害分级与数据库"的隧道评估数字内核,为隧道服役性能数据感知、服役状态评估等业务场景提供数据标准支撑;知识库内结构化数据转换为可供计算机自动识别调用的知识图谱,为构建沉管隧道评估及性能演变模型提供知识基础。最终实现隧道结构智能监测、检测设备产生的元数据(如水压、渗漏、变形、裂缝等)的规范性数字化表达,结合数据分析、数值仿真和综合评估,对隧道结构的运维状态、安全性能、服役寿命等进行科学评定,及时发现和处理异常情况,形成具有针对性的维养决策,打通"数据感知-仿真分析-结构响应-结构评定"业务链条,为桥岛隧一体化感知与评估提供数字化底座。

2.2 沉管隧道技术状况评定

在交通基础设施的技术状况评定中,最常用方法为分层评定法,其体系类似于层次分析法,如《内河沉管隧道管养技术规范》(DBJ/T 15-156—2019)、《公路隧道养护技术规范》(JTG H12—2015)、《公路桥梁技术状况评定标准》(JTG/T H21—2011)都采用分层评定法进行结构技术状况评定。但是,分层评定法对评定体系构成、指标标准要求极高,而对沉管隧道的研究相对滞后,尚未有针对性的标准提出,亦难以满足行业智能化、自动化、信息化发展需求。主要表现如下:

(1)评定方法方面:既有规范评价方法采用加权平均求取技术状况分值,分值取定、加权平均方式、各组分权重的方法对沉管隧道适用性不足。

（2）评定标准方面：隧道运营技术状况评定需综合反映病害成因、病害后果。而既有评价以钻爆隧道为基础，衬砌权重大。对于沉管隧道，其接头结构更为重要，但无从体现。

（3）数据来源方面：隧道运营评价方式不仅要体现结构状态，还需满足应用需求。现有体系均基于传统检测评估人工作业的可行性与便捷性，对于沉管隧道自动化、信息化、智能化的应用需求，在量化输入、定量计算等方面均有不足。

2.2.1 评定方法与分级

沉管隧道技术状况评定应采用分层评定与沉管隧道单项控制指标相结合的方法，先对沉管隧道各分项进行评定，然后对土建结构、交通工程与附属设施分别进行评定，最后进行沉管隧道的总体技术状况评定。技术状况评定如图 2.2-1 所示。

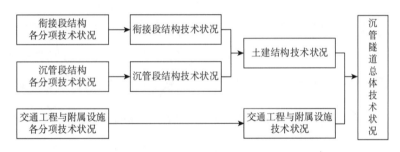

图 2.2-1 沉管隧道技术状况评定

1）土建结构技术状况评定

对沉管隧道土建结构，应先逐段对各分项技术状况进行评定，在此基础上确定各分项技术状况，再进行土建结构技术状况评定；沉管隧道土建结构宜按单个管节或多个管节进行分段。隧道总体技术状况评分值应根据土建结构、交通工程与附属设施技术状况分值按照加权求和方式求得，见式(2.2-1)。评定详细流程如图 2.2-2 所示。

$$CI = (JGCI \times W_{\mathrm{JG}} + JDCI \times W_{\mathrm{JD}})/\sum W \tag{2.2-1}$$

式中：CI——总体技术状况评分，值域 $0\sim100$；

$JGCI$——沉管隧道土建结构技术状况评分，值域 $0\sim100$；

$JDCI$——沉管隧道交通工程与附属设施技术状况评分,值域 $0\sim100$;

W_{JG}——沉管隧道土建结构在总体中的权重,取 65;

W_{JD}——沉管隧道交通工程与附属设施在总体中的权重,取 35;

$\sum W$——总体技术状况评定时各项权重之和,取 100。

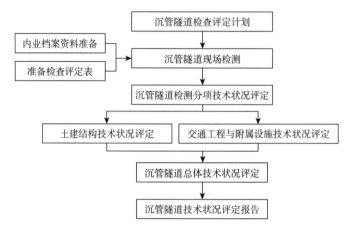

图 2.2-2 沉管隧道技术状况评定详细流程

沉管隧道土建结构技术状况评定应根据定期检查和运营监测等资料,综合考虑衔接段、沉管段的主体结构、接头结构、附属结构等各方面的影响,确定隧道的技术状况等级。土建结构技术状况评分应按式(2.2-2)、式(2.2-3)计算:

$$JGCI_{Xi} = 100 \cdot \left[1 - \frac{1}{4}\sum_{j=1}^{n}(JGCI_{Xij}\times\omega_j)\bigg/\sum_{j=1}^{n}\omega_j\right] \quad (2.2\text{-}2)$$

$$JGCI_{Ci} = 100 \cdot \left[1 - \frac{1}{4}\sum_{j=1}^{n}(JGCI_{Cij}\times\omega_j)\bigg/\sum_{j=1}^{n}\omega_j\right] \quad (2.2\text{-}3)$$

式中:i——检测段落号,按实际分段数量取值;

j——分项数量,按评定段落实际土建结构数量取值;

ω_j——分项权重;

$JGCI_{Cij}$——沉管段土建结构分项检查段落检测状况值,值域 $0\sim4$;

$JGCI_{Xij}$——衔接段土建结构分项检查段落检测状况值,值域 $0\sim4$;

$JGCI_{Ci}$——沉管段检查段落土建结构技术状况评分,值域 $0\sim100$;

$JGCI_{Xi}$——衔接段检查段落土建结构技术状况评分,值域 $0\sim100$。

不同结构类型隧道段技术状况评分应按式(2.2-4)、式(2.2-5)计算:

$$JGCI_C = \min(JGCI_{Ci}) \quad (2.2\text{-}4)$$

$$JGCI_X = \min(JGCI_{Xi}) \quad (2.2\text{-}5)$$

式中：$JGCI_C$——沉管段土建结构技术状况评分,值域 $0\sim100$；

$JGCI_X$——衔接段土建结构技术状况评分,值域 $0\sim100$。

隧道衔接段、沉管段土建结构各分项权重值宜按表 2.2-1、表 2.2-2 取值。

衔接段土建结构各分项权重表　　　　　表 2.2-1

评定组成	评定分项	分项权重	小计
主体结构	结构本体	45	45
接头结构	接缝	20	20
附属结构	减光设施	7	35
	路面铺装	5	
	检修道	1	
	排水设施	4	
	内装饰	1	
	伸缩缝	1	
	预埋件	7	
	设备用房	1	
	防火设施	5	
	通风塔	2	
	中管廊分区隔断	1	

沉管段土建结构各分项权重表　　　　　表 2.2-2

评定组成	评定分项	分项权重	小计
主体结构	结构本体	30	30
接头结构	止水系统(管节接头、最终接头)	12	35
	止水系统(节段接头)	6	
	剪力键(管节接头、最终接头)	7	
	剪力键(节段接头)	4	
	锚具	3	
	剪力键垫层	3	
附属结构	路面铺装	6	35
	检修道	1	
	排水设施	4	
	内装饰	2	

续上表

评定组成	评定分项	分项权重	小计
附属结构	伸缩缝	2	35
	预埋件	8	
	设备用房	1	
	防火设施	6	
	防护设施	4	
	中管廊分区隔断	1	

土建结构总体技术状况评分应按式(2.2-6)计算：

$$JGCI = \omega_C \times JGCI_C + \omega_X \times JGCI_X \tag{2.2-6}$$

式中：ω_C——沉管段土建结构技术状况评分分项权重，取0.7；

ω_X——衔接段土建结构技术状况评分分项权重，取0.3。

沉管隧道土建结构总体技术状况评定分级宜按表2.2-3规定执行，土建结构技术状况评定应分为1类、2类、3类、4类和5类，评定类别描述见表2.2-4。当混凝土结构本体、结构伸缩缝、排水设施、路面铺装、预埋件、止水系统、剪力键项目的评定状况值为4时，对应土建结构技术状况应直接评为5类。

沉管隧道土建结构总体技术状况评定分类界限值　　表2.2-3

技术状况评分	土建结构总体技术状况评定分类				
	1类	2类	3类	4类	5类
JGCI	≥85	≥70，<85	≥55，<70	≥40，<55	<40

沉管隧道土建结构总体技术状况评定类别描述　　表2.2-4

技术状况评定类别	评定类别描述
1类	完好状况。无异常情况，或异常情况轻微，对交通安全无影响
2类	轻微破损。存在轻微破损，现阶段趋于稳定，对交通安全不会有影响
3类	中等破损。存在破坏，发展缓慢，可能会影响行人、行车安全
4类	严重破损。存在较严重破坏，发展较快，已影响行人、行车安全
5类	危险状况。存在严重破坏，发展迅速，已危及行人、行车安全

2）交通工程与附属设施技术状况评定

交通工程与附属设施技术状况评定根据定期检查和运营监测等资料，综合考虑机电设施与交通安全设施的影响,确定交通工程与附属设施的技术状况等级。交通工程与附属设施技术状况评分应按式(2.2-7)计算:

$$JDCI = 100 \cdot \left(\sum_{i=1}^{n} JDCI_i \cdot \omega_i \right) \bigg/ \sum_{i=1}^{n} \omega_i \tag{2.2-7}$$

式中:$JDCI_i$——各分项设施检查设备完好率,值域 0~100%;

ω_i——各分项设施权重;

$\sum_{i=1}^{n}$——各分项权重和;

$JDCI$——交通工程与附属设施技术状况评分,值域 0~100。

沉管隧道交通工程与附属设施各分项权重宜按表 2.2-5 取值。

沉管隧道交通工程与附属设施各分项权重表　　表 2.2-5

分项	分项权重 ω_i	分项	分项权重 ω_i
供配电设施	16	照明设施	11
通风设施	12	消防设施	13
监控与通信设施	24	给排水设施	12
结构健康监测设施	6	交通安全设施	6

沉管隧道交通工程与附属设施技术状况评定分类界限值宜按表 2.2-6 规定执行。

沉管隧道交通工程与附属设施技术状况评定分类界限值　　表 2.2-6

技术状况评分	交通工程与附属设施技术状况评定分类			
	1 类	2 类	3 类	4 类
JDCI	≥97	≥92,<97	≥84,<92	<84

沉管隧道交通工程与附属设施技术状况评定应分为 1 类、2 类、3 类和 4 类,评定类别描述见表 2.2-7。

沉管隧道交通工程与附属设施技术状况评定类别描述　　表 2.2-7

技术状况评定类别	评定类别描述
1 类	设施完好率高,运行正常
2 类	设施完好率较高,运行基本正常,部分易耗部件或损坏部件需要更换
3 类	设施尚能运行,部分设备、部件和软件需要更换或改造
4 类	设施完好率较低,相关设施需要全面改造

在沉管隧道技术状况评价中,有下列情况之一时,整座隧道应评为5类:敞开段混凝土结构大范围开裂、结构发生较大变形、渗水较严重、减光罩脱落现象较为严重,影响结构安全和行车安全;暗埋段混凝土结构发生大范围开裂、结构发生较为明显的永久变形、渗水较严重,且有危及结构安全和行车安全的趋势;沉管段管节结构发生大范围开裂、结构性裂缝深度贯穿主体结构混凝土,影响结构安全和行车安全;沉管隧道段混凝土结构发生较大变形,管节错位较为严重,且有威胁结构安全和行车安全的趋势;管节接头区域、节段接头区域破损开裂、剪力键失效、渗水较为严重,影响结构安全和行车安全;海水较大规模涌流、喷射,隧道内路面出现涌泥沙或严重积水等影响交通安全的现象;路面隆起较严重,路面错台、断裂较为严重,影响行车安全;隧道内各种设备用房和隧道内装较严重锈蚀、损坏,变形或脱落较为严重,影响行车安全。

2.2.2 沉管隧道主体结构评定

沉管隧道主体结构技术状况评定范围主要包括敞开段、暗埋段、沉管段的混凝土管节结构等。单指标技术状况评定时应综合考虑损害对结构安全、服役性能与行车安全的影响程度来进行定性或定量分级。火灾、地震、海啸、沉船等异常事情发生后,应进行主体结构技术状况评定。

沉管隧道主体结构评定内容应包括主体结构变形、裂缝、剥落、混凝土劣化、钢材锈蚀、边界劣化和渗漏水,技术状况值取评定结果中的最差状况值。不同条件下主体结构技术状况评定可按表2.2-8~表2.2-14执行。

主体结构变形技术状况评定标准 表2.2-8

状况值	评定标准
0	无变形
1	虽存在变形,但已停止发展,且已无可能再发生异常情况;无结构错台;结构变形速度≤1mm/年;结构累计变形量≤1.5mm
2	出现变形,可能有发展趋势;有轻微错台,但已停止发展;1mm/年<空洞最大长度≤3mm/年;1.5mm<结构累计变形量≤3.0mm
3	出现变形,发展缓慢;有轻微错台,有一定发展趋势;3mm/年<空洞最大长度≤10mm/年;3.0mm<结构累计变形量≤4.5mm
4	出现变形,结构功能明显下降;错台两侧结构明显移位,且发展较快;边墙、顶部混凝土已经剥落露筋;空洞最大长度>10mm/年;结构累计变形量>4.5mm

主体结构裂缝技术状况评定标准　　　　　　　　　　　　　　　　表 2.2-9

状况值	评定标准
0	无裂缝
1	虽存在裂缝,但无发展趋势;顶部和角点混凝土无碎裂;钢结构轻微裂缝,结构功能无损坏;沉管段裂缝宽度≤0.3mm;裂缝深度/结构厚度≤25%
2	存在裂缝,有一定发展趋势;顶部和角点混凝土细微碎裂;钢结构存在裂缝,结构功能无损坏,有一定发展趋势;0.3mm<沉管段裂缝宽度≤3.0mm;25%<裂缝深度/结构厚度≤50%
3	裂缝较多,呈现明显受力特征;顶部和角点混凝土出现碎裂;焊缝处开焊,钢结构裂缝较多,结构功能受到一定损坏,呈现明显受力特征;沉管段裂缝宽度>3.0mm,沉管段裂缝长度≤5m;50%<裂缝深度/结构厚度≤75%
4	裂缝密集,发展较快或裂缝贯通节段;结构表面出现大面积破损,呈现明显受力特征;焊缝处开焊,20%以上的栓接点松动,钢结构裂缝多,结构功能受到损坏;沉管段裂缝宽度>3.0mm,沉管段裂缝长度>5m;裂缝深度/结构厚度>75%

主体结构剥落技术状况评定标准　　　　　　　　　　　　　　　　表 2.2-10

状况值	评定标准
0	无起皮、剥落
1	表面轻微起皮、剥落,但无发展趋势;剥落深度≤6mm,剥落直径≤10mm
2	表面轻微起皮、剥落,有一定发展趋势;6mm<剥落深度≤12mm,10mm<剥落直径≤50mm
3	表面起皮、剥落,边墙、顶部混凝土有可能剥落;12mm<剥落深度≤25mm,50mm<剥落直径≤150mm
4	结构表面出现大面积破损,呈现明显受力特征;剥落深度>25mm,剥落直径>150mm

主体结构混凝土劣化技术状况评定标准　　　　　　　　　　　　　　　表 2.2-11

状况值	评定标准
0	完好、无材质劣化等;实测强度/设计强度>1
1	存在材料劣化情况,但对断面强度几乎没有影响;3/4<实测强度/设计强度≤1
2	由于材料劣化等原因,断面强度有所下降,结构功能可能受到损害;2/3<实测强度/设计强度≤3/4
3	由于材料劣化等原因,断面强度有相当程度的下降,结构功能受到一定的损害;1/2<实测强度/设计强度≤2/3
4	断面强度明显下降,结构功能损害明显;实测强度/设计强度≤1/2

主体结构钢材锈蚀技术状况评定标准　　表 2.2-12

状况值	评定标准
0	完好、无锈蚀;无截面损失
1	各部件及焊缝完好,栓接节点无松动,涂层损坏面积小于5%;截面损失率 $\lambda \leq 3\%$
2	钢材出现腐蚀,5%~10%涂层面积失效;3% < 截面损失率 $\lambda \leq 10\%$
3	10%~30%涂层面积失效,钢材锈蚀明显;10% < 截面损失率 $\lambda \leq 25\%$
4	30%以上涂层面积失效,钢材严重锈蚀;截面损失率 $\lambda > 25\%$

主体结构边界劣化技术状况评定标准　　表 2.2-13

状况值	评定标准
0	无结构后空洞
1	空洞最大长度≤2.0m
2	2.0m < 空洞最大长度≤6.0m
3	6.0m < 空洞最大长度≤10m
4	空洞最大长度 > 10m

主体结构渗漏水技术状况评定标准　　表 2.2-14

状况值	评定标准
0	无渗漏水
1	混凝土结构表面存在水迹;焊缝无渗漏水
2	混凝土结构表面存在轻微渗水;钢结构或焊缝处有渗漏水;不影响行车安全
3	混凝土结构表面出现明显水迹,存在流动液态水;钢结构表面出现明显水迹,存在渗水;影响行车安全
4	混凝土结构表面存在多处漏水点,水量大,涌流;钢结构表面出现明显水迹,焊缝或裂缝处出现喷射水流;严重影响隧道安全

2.2.3 接头结构评定

沉管段接头结构技术状况评定应包括衔接段的接缝,以及沉管段的管节接头、节段接头和最终接头的接头结构等。单指标技术状况评定时应综合考虑损害对结构安全、服役性能与行车安全的影响程度进行定性或定量分级。火灾、地震、海啸、沉船等异常事情发生后,接头变形、结构应变、环境温湿度、外部回淤监测数据异常突变时,排水设施内监测水位异常变化时,均应进行接头结构技术状况评定。

其中,接头止水系统评定包括中埋式止水带、OMEGA 止水带、GINA 止水带等,评定标准如表 2.2-15～表 2.2-17 所示。

中埋式止水带技术状况评定标准　　　　　　　　表 2.2-15

状况值	评定标准
0	止水带压缩变形及剪切变形相对于初始值无变化
1	剪切变形相对于初始值发生较小的变化,剪切变形均在允许值范围内,且无发展或停止发展
2	剪切变形相对于初始值发生较小的变化,剪切变形均在允许值范围内,呈缓慢发展趋势
3	剪切变形相对于初始值发生较大的变化,张开变形及剪切变形接近止水与否的临界值,且发展速度快
4	止水失效

OMEGA 止水带技术状况评定标准　　　　　　　　表 2.2-16

状况值	评定标准
0	OMEGA 止水带无变形
1	OMEGA 止水带发生较小变形,在允许值范围内,且无发展或停止发展
2	OMEGA 止水带发生较小变形,在允许值范围内,呈缓慢发展趋势
3	OMEGA 止水带发生较大变形,接近止水与否的临界值,且发展速度快
4	OMEGA 止水带止水失效

GINA 止水带技术状况评定标准　　　　　　　　表 2.2-17

状况值	评定标准
0	GINA 止水带的压缩变形及剪切变形相对于初始值无变化
1	GINA 止水带的压缩变形及剪切变形相对于初始值发生较小的变化,压缩变形及剪切变形均在允许值范围内,且无发展或停止发展
2	GINA 止水带的压缩变形及剪切变形相对于初始值发生较小的变化,压缩变形及剪切变形均在允许值范围内,呈缓慢发展趋势
3	GINA 止水带的压缩变形及剪切变形相对于初始值发生较大的变化,张开变形及剪切变形接近止水与否的临界值,且发展速度快
4	GINA 止水带止水失效

接头剪力键评定包括混凝土剪力键和钢剪力键,评定标准如表 2.2-18、表 2.2-19 所示。

混凝土剪力键技术状况评定标准 表 2.2-18

状况值	评定标准
0	完好,无裂缝,无破坏情况
1	混凝土剪力键小于 5% 的面积轻度损坏,有局部锈迹;存在裂缝,且宽度小于 0.3mm,局部空鼓;不影响隧道安全
2	混凝土剪力键 5%~20% 的面积轻度损坏,或小于 10% 的面积中度损坏,钢筋轻微锈蚀;存在顺筋裂缝,宽度小于 0.3mm,无结构裂缝,少量剥落掉块,深度未超过钢筋保护层;可能影响隧道安全
3	混凝土剪力键 20% 以上的面积轻度损坏,或 10%~20% 的面积中度损坏,钢筋普遍锈蚀;顺筋裂缝宽度小于 0.3mm,无结构裂缝,少量剥落掉块,深度未超过钢筋保护层;影响隧道安全
4	混凝土剪力键 20% 以上的面积中度损坏或严重损坏,钢筋严重锈蚀缩径;存在胀裂性顺筋裂缝或网状裂缝,裂缝宽度大于 1.0mm 或有贯穿性裂缝,表面大量剥落露筋,深度超过钢筋保护层或形成空穴;严重影响隧道安全

钢剪力键技术状况评定标准 表 2.2-19

状况值	评定标准	
	定性描述	定量描述
0	完好,无破坏情况	完好,无破坏情况
1	各部件及焊缝完好,栓接节点无松动,小于 5% 的涂层面积失效,不影响隧道安全	存在裂缝,且宽度小于 0.3mm,局部空鼓
2	次要部件局部变形或焊缝裂纹,小于 10% 的栓接节点松动,5%~10% 的涂层面积失效,可能影响隧道安全	存在顺筋裂缝,宽度小于 0.3mm,无结构裂缝,少量剥落掉块,深度未超过钢筋保护层
3	小于 10% 的主要构件扭曲、裂纹、开焊,5%~10% 的栓接节点松动,10%~30% 的涂层面积失效,钢剪力键表面锈蚀明显,影响隧道安全	顺筋裂缝宽度小于 0.3mm,无结构裂缝,少量剥落掉块,深度未超过钢筋保护层

续上表

状况值	评定标准	
	定性描述	定量描述
4	20%以上主要构件严重扭曲、开焊,栓接节点松动,30%以上涂层面积失效,钢剪力键表面严重锈蚀,严重影响隧道安全	存在胀裂性顺筋裂缝或网状裂缝,裂缝宽度大于1.0mm或有贯穿性裂缝,表面大量剥落露石,深度超过钢筋保护层或形成空穴

接头除止水系统、剪力键外,还包括接缝、预应力锚头、剪力键垫层等接头结构,其评定标准如表2.2-20~表2.2-22所示。

接缝技术状况评定标准　　表2.2-20

状况值	评定标准
0	无变形
1	橡胶板、止水带轻微损坏,接缝处存在水迹,但无液态水流出,不影响交通和隧道运营安全;钢剪切杆轻微变形、损坏、锈蚀,不影响隧道安全
2	橡胶板、止水带局部损坏,接缝处轻微渗水,可能影响交通和隧道运营安全;钢剪切杆局部变形、损坏、锈蚀,可能影响隧道安全
3	橡胶板、止水带较大面积损坏,接缝处出现明显水迹,存在流动液态水,影响交通和隧道运营安全;钢剪切杆较大面积变形、损坏、锈蚀,影响隧道安全
4	橡胶板、止水带大面积损坏,接缝处出现喷射水流,严重影响交通和隧道运营安全;钢剪切杆大面积变形、损坏、锈蚀,严重影响隧道安全

预应力锚头技术状况评定标准　　表2.2-21

状况值	评定标准
0	完好,无破损、无劣化情况
1	防锈油脂轻微渗漏,没有附着不牢的氧化皮、铁锈和油漆层
2	附属构件表面发生轻微锈蚀,氧化皮或油漆层因锈蚀而可以刮除
3	附属构件表面发生较多锈蚀,氧化皮或油漆层因锈蚀而部分剥落
4	附属构件表面发生严重锈蚀,氧化皮或油漆层因锈蚀而全面剥落,构件的功能严重退化

剪力键垫层与记忆支座技术状况评定标准　　　　表2.2-22

状况值	评定标准
0	完好,无破损、劣化情况
1	基本完好,表面轻微破损
2	局部破损、开裂,未见移位
3	破碎、严重变形、移位或缺少

2.2.4 附属结构评定

沉管隧道附属结构技术状况评定范围主要包括减光设施、路面铺装、检修道、排水设施、内装饰、伸缩缝、预埋件、设备用房、防火设施、通风塔、回填防护层。单指标技术状况评定时应综合考虑损害对结构安全、服役性能与行车安全的影响程度进行定性或定量分级。评定标准如表2.2-23～表2.2-33所示。

减光设施技术状况评定标准　　　　表2.2-23

状况值	评定标准
0	结构完好,整洁
1	结构轻微脏污,减光效果基本正常
2	结构轻微破损、脏污,局部涂层起皮或脱落,并出现锈蚀,减光效果基本正常
3	减光罩钢横纵梁结构局部出现变形或焊缝裂纹;30%以下涂层面积失效;表面严重锈蚀;影响减光效果和隧道安全
4	减光罩钢横纵梁结构严重扭曲、开焊;30%以上涂层面积失效;表面严重锈蚀;严重影响减光效果和隧道安全

路面铺装技术状况评定标准　　　　表2.2-24

状况值	评定标准	
	定性描述	定量描述
0	路面完好,无破坏情况	$PQI \geqslant 90$
1	路面有浸湿、轻微裂缝、落物等,引起使用者轻微不舒适感	$80 \leqslant PQI < 90$
2	路面有局部的沉陷、隆起、坑洞、表面剥落、露骨、破损、裂缝,轻微积水,引起使用者明显的不舒适感觉,可能会影响行车安全	$70 \leqslant PQI < 80$

续上表

状况值	评定标准	
	定性描述	定量描述
3	路面出现较大面积的沉陷、隆起、坑洞、表面剥落、露骨、破损、裂缝、严重积水等,影响行车安全,抗滑系数过低引起车辆打滑	$60 \leqslant PQI < 70$
4	路面出现大面积的明显沉陷、隆起、坑洞,路面板严重错台、断裂、表面剥落、露骨、破损、裂缝,出现漫水,严重影响交通安全,可能导致交通意外事故	$PQI < 60$

注:PQI 为路面使用性能指数,取值参照《公路技术状况评定标准》(JTG 5210—2018)。

检修道技术状况评定标准 表 2.2-25

状况值	评定标准	
	定性描述	定量描述
0	道路结构、检修道盖板均完好	—
1	检修道少量缺角、缺损,金属有局部锈蚀,尚未影响其使用功能	检修道损坏长度≤10%,缺失长度≤3%
2	检修道缺损、开裂,部分功能丧失、可能会影响检修工人安全和交通安全	10% < 检修道损坏长度≤20%,3% < 缺失长度≤10%
3	检修道缺损开裂或缺失严重,原有功能丧失,影响检修工人和交通安全	检修道缺失率 > 20%,缺失长度 > 10%

排水设施技术状况评定标准 表 2.2-26

状况值	评定标准
0	设施完好,排水功能正常
1	边水沟、雨水井、横截沟、雨水泵房、废水泵房排水沟结构轻微破损,但排水功能正常
2	边水沟、雨水井、横截沟、废水泵房排水沟结构有破损,轻微淤积堵塞、杂物堆积、沉沙、轻微积水,暴雨季节出现溢水;雨水泵房结构有受损,功能轻微受影响;可能影响交通安全
3	边水沟、雨水井、横截沟、废水泵房排水沟结构较严重破损,严重淤积堵塞、杂物堆积、沉沙、严重积水,溢水造成路面局部积水;雨水泵房结构受损较严重,功能受较大影响;影响交通安全

续上表

状况值	评定标准
4	边水沟、雨水井、横截沟(含雨水泵房横截沟)、废水泵房排水沟结构严重破损,完全淤积堵塞,杂物堆积、沉沙,严重积水,溢水造成路面积水漫流;雨水泵房(包含室外雨水泵房、洞口雨水泵房、废水泵房)结构受损严重,功能受严重影响;严重影响交通安全

内装饰技术状况评定标准　　　　　　　　表2.2-27

状况值	评定标准	
	定性描述	定量描述
0	装饰构件完好	—
1	个别装饰构件存在脏污、变形、破损,但不影响交通和隧道防火安全	损坏率≤10%
2	部分装饰构件存在脏污、变形、破损松脱,对交通安全有影响	10%＜损坏率≤20%
3	大面积装饰构件存在脏污、变形、破损、脱落,严重影响行车安全	损坏率＞20%

伸缩缝技术状况评定标准　　　　　　　　表2.2-28

状况值	评定标准
0	完整,无脏污
1	轻微受损,无脏污;不影响使用功能,不影响行车安全
2	表面轻微损伤,出现局部渗水;伸缩缝位置出现较小脱离,性能正常;不影响行车安全和舒适度
3	出现明显的车辙痕迹,伸缩缝材料与两侧路面层出现部分脱离,伸缩缝材料缺失;影响行车舒适度,可能影响行车安全
4	出现较深的车辙痕迹,伸缩缝材料脱离、缺失较多;严重影响行车安全

预埋件技术状况评定标准　　　　　　　　表2.2-29

状况值	评定标准
0	吊顶完好
1	存在轻微变形、破损、浸水,尚未妨碍交通

续上表

状况值	评定标准
2	吊顶破损、开裂、滴水,吊杆等预埋件锈蚀,尚未影响交通安全
3	吊顶存在较严重的变形、破损,出现渗流、挂冰,吊杆等预埋件严重锈蚀,可能影响交通安全
4	吊顶严重破损、开裂甚至掉落,出现喷涌水、严重挂冰,各种预埋件和悬吊件严重锈蚀或断裂,各种桥架和挂件出现严重变形或脱落,严重影响行车安全

设备用房技术状况评定标准　　　表 2.2-30

状况值	评定标准
0	设备用房和设备完好
1	设备用房轻微受损,预留预埋设备轻微受损;不影响使用功能,不影响隧道安全
2	设备用房受损,预留预埋设备受损、锈蚀;不影响使用功能,不影响隧道安全
3	设备用房受损较为严重,预留预埋设备出现较严重受损、锈蚀;使用功能受影响,可能影响隧道安全
4	设备用房严重受损,预留预埋设备出现严重受损、锈蚀;丧失使用功能,严重影响隧道安全

防火设施技术状况评定标准　　　表 2.2-31

状况值	评定标准	
	定性描述	定量描述
0	防火构件完好	—
1	个别防火构件存在脏污、变形、破损,不影响交通和隧道防火安全	损坏率≤10%
2	部分防火构件存在脏污、变形、破损松脱,对隧道防火安全有影响	10%＜损坏率≤20%
3	大面积防火构件存在脏污、变形、破损、脱落,严重影响隧道防火安全	损坏率＞20%

通风塔技术状况评定标准　　　　　表 2.2-32

状况值	评定标准
0	完好,无破坏现象
1	通风塔有轻微堵塞、变形、破损,但不影响隧道通风
2	通风塔局部有堵塞、变形、破损,可能影响隧道通风
3	通风塔在较大范围有堵塞、变形、破损,影响隧道通风
4	通风塔在大范围有严重堵塞、变形、破损,隧道通风严重受阻

回填防护层技术状况评定标准　　　　　表 2.2-33

状况值	评定标准
0	完好,无破坏现象
1	回填防护层轻微冲刷,轻微破损,但不影响隧道安全
2	回填防护层存在局部冲刷且有一定冲刷厚度,局部破损,隧道抗浮稳定性受轻微影响,不影响隧道安全
3	回填防护层存在较大面积冲刷且冲刷厚度较大,较大面积破损,隧道抗浮稳定性受影响,影响隧道安全
4	回填防护层存在大面积冲刷且冲刷厚度大,大面积破损,隧道抗浮稳定性受严重影响,严重影响隧道安全

2.2.5　交通工程与附属设施评定

交通工程与附属设施技术状况评定的范围应包括供配电设施、照明设施、通风设施、消防设施、监控及通信设施、给排水设施、结构健康监测设施和交通安全设施中的设备。单指标技术状况评定应综合考虑损害对服役性能与行车安全的影响程度进行定性或定量分级。火灾、地震、海啸、沉船等异常事情发生后,应进行交通工程与附属设施技术状况评定。

交通工程与附属设施技术状况评定应采用设备完好率进行评定,其计算方法应符合下列规定:

(1)设备完好率应按式(2.2-8)计算,各项设施可分系统并按对运营安全的重要度建立设备完好率考核指标。式(2.2-8)中,故障时间、运行时间的单位可为天数或小时。

$$设备完好率 = \left(1 - \frac{设备故障台数 \times 故障时间}{设备总台数 \times 运行时间}\right) \times 100\% \quad (2.2\text{-}8)$$

(2)交通工程与附属设施设备完好率计算中的设备故障台数、设备总台数可按表2.2-34考核单位进行计算。

交通工程与附属设施完好率考核单位　　　　表2.2-34

分项	设备名称	单位
供配电设施	地理信息系统(GIS)设备、变压器、电抗器、电容器、套管、隔离开关、负荷开关、绝缘子、消弧线圈、互感器、断路器、熔断器、电源设备、自备发电设备、风/光供电设备、电力监控设备、控制柜	个/处
照明设施	灯具、基础、控制柜	台
通风设施	轴流风机、射流风机、风阀、控制柜、通风口	台
消防设施	火灾探测设备、火灾报警设备、灭火控制器、喷洒指示灯、灭火报警器、紧急启停按钮、消防水泵、消火栓、灭火器、水喷淋设备、液位检测器、消防水池、给排水管道设施、控制柜、安全门、水喷雾设备、气体灭火装置、增压稳压设施	台/处
监控及通信设施	本地控制器、气象检测器、地图板、环境检测设备、视频检测处理器、微波检测器、视频取证设备、视频存储磁盘阵列、摄像机、显示屏、控制器、视频解码器、综合控制台、车道指示器、可变标志、信息标志、视频交通事件检测设备、管理站设备、光纤数字传输设备、紧急电话主控台、电话、网关设备、广播、主控台、功率放大器、扬声器、音控器、数字音频编码器、数字音频解码器、高频开关电源、锂电池、通信站不间断电源(UPS)、数字集群基站、近端机、远端机、多点控制单元、会议终端、卫星终端、海事卫星手持机、光端机、路由器、交换机、控制柜	台/个
给排水设施	给排水管道设施、流量计、水泵、液位检测器、控制柜	台/个
结构健康监测设施	位移监测设备、压力检测设备、结构响应监测设备	台/个
交通安全设施	标志板、电光标志、基础、路面标线、突起路标、立面标记、视线诱导设施、其他交通安全设施	台/个

交通工程与附属设施各分项技术状况评定值分为 0、1、2、3，应按表 2.2-35 执行。当各分项中任一关键设施的设备完好率为该分项各类设备完好率最低时，该分项技术状况按该关键设备的设备完好率评定。

交通工程与附属设施技术状况评定值　　　　表 2.2-35

分项	技术状况评定值			
	0	1	2	3
供配电设施	≥98%	≥93%，<98%	≥85%，<93%	<85%
照明设施	≥98%	≥86%，<98%	≥74%，<86%	<74%
通风设施	≥98%	≥91%，<98%	≥82%，<91%	<82%
消防设施	100%	≥95%	≥89%，<95%	<89%
监控与通信设施	≥98%	≥91%，<98%	≥81%，<91%	<81%
给排水设施	≥98%	≥95%，<98%	≥89%，<95%	<89%
结构健康监测设施	≥98%	≥91%，<98%	≥81%，<91%	<81%
交通安全设施	≥98%	≥91%，<98%	≥81%，<91%	<81%

2.3　沉管隧道适应性评定

沉管隧道的技术状况评定主要针对定期检测后的评定需求，评定指标以人工判别的定性描述为主，以整体的视角了解各组成部分的服役状态。为了确保沉管隧道的安全运维，还需要推进沉管隧道关键组成部分的服役风险定量化管控。因此，本节结合多源检/监测数据，围绕对沉管隧道运营安全、稳定影响显著的关键指标，建立适应性评定和预警标准体系。

2.3.1　评定机制

本章所提出的适应性评定方法，在隧道工程领域无可供直接参考的前期实例。因此，首先有必要厘清沉管隧道适应性评定的具体机制，明确其数据来源及实施路线，并结合具体工程，提出适宜的落地应用方案。

1)评定思路

结合港珠澳大桥海底隧道,制定多源信息融合的沉管隧道适应性评定思路,如图 2.3-1 所示。

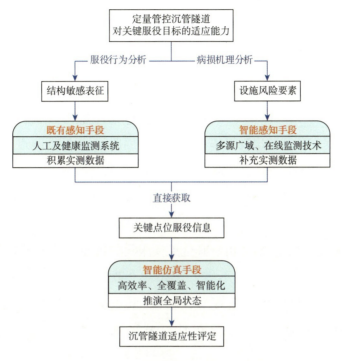

图 2.3-1 沉管隧道适应性评定思路

(1)评定数据直接来源于两个方面:①通过人工巡检及健康监测系统等既有感知手段,积累的现场实测数据;②结合机理分析确定的敏感表征及风险要素,结合各类新型智能感知手段补充采集的测试数据。上述内容将在第 3 章中重点介绍。

(2)基于等效模型试验,研究沉管隧道服役行为及病损机理,明确全场景复杂服役条件下沉管隧道力学状态的敏感表征及通风、照明系统的风险要素,从而指导沉管隧道现场服役信息感知方案的制订。上述内容将在第 4 章中重点介绍。

(3)受限于结构复杂性与安全要求,部分敏感表征难以直接获取,通过先验知识与实测数据的融合应用,研发基于深度学习算法的沉管隧道结构与机电设施的智能仿真技术,实现对关键组成对象服役表征的全覆盖、智能化推演,从而突破现场感知盲区,为适应性评定的快速、全面实施提供基础数据支撑。上述内容将在第5章中重点介绍。

(4) 在此基础上,结合本章所确定的控制限值,实现对沉管隧道接头系统、通风及照明设施的适应性评定。

2) 实施方案

参考桥梁适应性评定规则,沉管隧道的评定工作可根据需求进行,与定期检查、应急检查相结合。

对于沉管隧道土建结构,对其服役安全影响最为显著的因素包括海洋动力、基础变形、冲淤平衡、温度荷载等,其演化均较为缓慢,而沉船、火灾、车祸、地震等偶发荷载的出现概率相对较小。因此,对于沉管隧道土建结构的适应性评定,可与技术状况的实施频率保持一致,不宜低于每年1次。当日常检查中发现重要结构出现严重异常时,应立即针对所在管节及邻近管节开展1次评定。

对于沉管隧道机电设施,由于其全天候服役的特性以及对行车安全的突出影响,宜适当提高评定频率,不宜低于每年2次。此外,沉管隧道在台风等极端条件下,机电设施可能出现螺栓松脱、断电失效等问题,因此应结合隧址区气候、洋流特征,在气象活跃月份及极端自然灾害后适时开展应急评定。

考虑短时测试数据可能受到外部干扰而产生高频噪声,例如暖潮、寒流等突发、短时天气影响,甚至会造成传感器的短暂漂移,在评定数据的选择上宜结合隧址区环境荷载特征,挑选一定时段的测试数据进行评定。鉴于短时高频噪声理论上具有较为显著的功率谱密度特征,可结合小波变化、经验模态分解等时频分析手段,提取评定数据的主要特征,以提高评定实施的可靠性。

最后,检测结果可结合沉管隧道评估数字化底座进行管理及可视化呈现,提高数据综合应用的效率。

2.3.2 接头结构

接头结构是沉管隧道中的重要组成部分,也是其他公路隧道所不具备的。接头结构包含了剪力键和止水系统等关键组成部分,这些部分的存在使得接头结构能够适应变形并起到防水作用，从而确保了隧道的连续性和完整性。因此，对于接头结构的长期服役能力进行适应性评定是非常必要的。

针对沉管隧道运营特性及评价需求，开展沉管隧道接头结构的评定与预警的具体步骤如下：

(1)建立三维精细化数值仿真模型：考虑沉管隧道的各种变形姿态和环境作用下的影响，建立三维精细化数值仿真模型。通过获取边界参数和地层参数等实际运营条件下可获得的数据，确保模型的真实性和准确性。

(2)确定计算工况：以沉管隧道的变形姿态、地基参数变化和上覆荷载变化等因素为变量，确定多因素耦合下的海量计算工况。保证计算工况足以覆盖沉管隧道在外部环境作用下的变化状态，提前建立数值仿真数据库。

(3)进行数据筛查和目标工况匹配：利用沉管隧道实际运营监测数据驱动仿真模型，进行仿真数据与实际监测数据的目标工况匹配和筛查工作。通过与实际监测数据的对比，验证模型的准确性和可靠性。

(4)输出关键特性数据：以较少的监测数据为输入，输出关键测点的形变、应力等服役特性数据。通过计算模型和实际监测数据的对比，获取关键特性数据，满足结构安全评价和预警数据的需求。

(5)建立智能评价模型：基于多源数据，建立沉管隧道接头结构的智能评价模型。将计算模型和监测数据相结合，通过机器学习等技术，实现对沉管隧道接头结构的全面评价和预警。

1)接头张合量评定控制标准

接头张合量直接反映了接头系统的隔水性能与承载状态。因不同沉管隧道GINA止水带在材料硬度、尺寸高度方面存在差异，造成荷载-变形曲线、防水-变形曲线各不相同，张合量控标准难以相互借鉴。对此，针对GINA止水带受压损坏问题，开展荷载-变形仿真试验，通过计算数据、材料数据对比分析，确定不同止水带类型的极限压缩量。针对GINA止水带最小压缩量即工程中的接头最大张开量问题，开展不同水压条件下GINA止水带防水性能测试装备研发与试验工作，结合试验分析，得出接头小范围相对错动与偏转对于GINA止水带防水性能影响较小；将试验结果结合数值分析，确定以最大接触应力和接触应力突变为指标的防水性能判别方法与标准。相关研究开展情况如图2.3-2、图2.3-3所示。

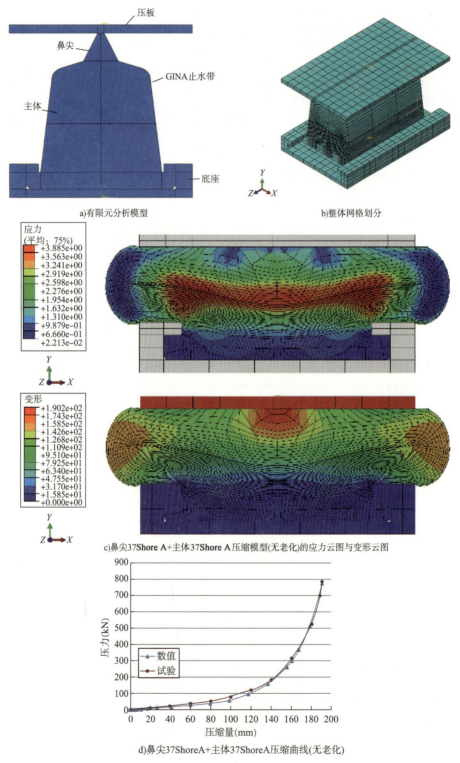

图 2.3-2 接头最大压缩量-GINA 止水带压缩性能研究

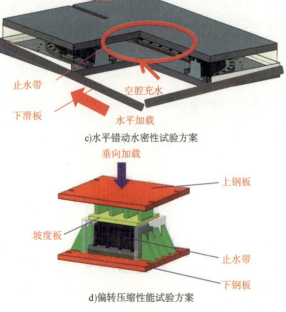

图 2.3-3　接头最小压缩量-GINA 止水带防水性能研究

因环境、作用场地、防水需求等差异，不同沉管隧道GINA止水带高度、结构形状、材料硬度不同，其张合量控制标准也须一事一议。

沉管隧道接头压缩量受GINA止水带材料最大压缩性能控制，与GINA止水带结构形式、材料选用相关。不同GINA止水带型号的最大压缩性能存在差异，故本处极限值取定时，结合设计文件给定的GINA止水带荷载-位移曲线，取其压缩量上限180mm即接头相对距离190mm作为接头压缩相对位移的控制极限。

沉管隧道接头张开量受GINA止水带材料防水性能控制，与沉管隧道抗水压需求、GINA止水带型号、压缩量等因素相关。由于不同管节抗水压需求存在差异，标准规范取定无法细化到每个具体管节，故按其最大抗水压需求的最不利状态进行控制。参照设计文件中关于GINA止水带防水性能曲线、试验与计算分析结果，提出了最小80mm压缩量即接头相对距离290mm的控制要求。

考虑结构施工结束后产生的初始误差，隧道高质量施工后的接头相对距离主要在210~250mm范围，故结合上述界限值，按Ⅳ级风险取定预警控制范围，不同预警等级控制标准见表2.3-1。

管节接头张合变形评定及预警标准　　　　表2.3-1

预警等级	适应性描述
Ⅰ	210mm＜接头相对距离≤250mm
Ⅱ	200mm＜接头相对距离≤210mm，250≤接头相对距离＜270mm
Ⅲ	190mm＜接头相对距离≤200mm，270≤接头相对距离＜290mm
Ⅳ	接头相对距离≤190mm，接头相对距离≥290mm

2）接头剪切变形评定控制标准研究

接头相对剪切变形控制标准依据剪力键抗剪切变形能力决定。具体而言，其竖向剪切变形能力由竖向剪力键抗剪切变形能力决定，水平剪切变形能力由水平剪力键抗剪切变形能力决定。针对剪力键受力变形控制标准缺失问题，研究开展1∶10大比尺相似模型试验、局部全比尺剪力键结构力学试验以及仿真计算分析；通过相似模型试验得出沉管隧道剪力键结构受力起始破坏部位、裂损扩展过程与分布形态;通过局部全比尺模型试验得出钢剪力键螺栓极限抗拔能力与荷载,得到荷载作用下的结构表观起裂与发展过程;通过对中墙钢剪力键、侧墙钢剪力键、中墙混凝土剪力键、水平混凝土剪力键剪切变形过程力学特性进行精细化仿真分析,匹配试验现象与结果,得到不同工况下的极限剪切变形量,如钢剪力键为2~4mm、混凝土剪力键为3mm。相关研究开展情况如图2.3-4、图2.3-5所示。

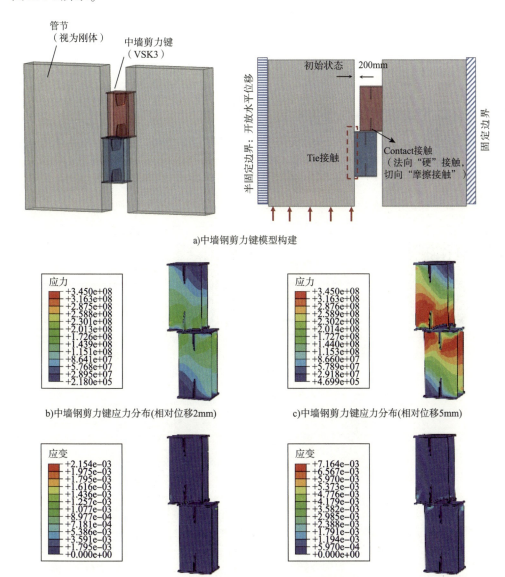

图 2.3-4

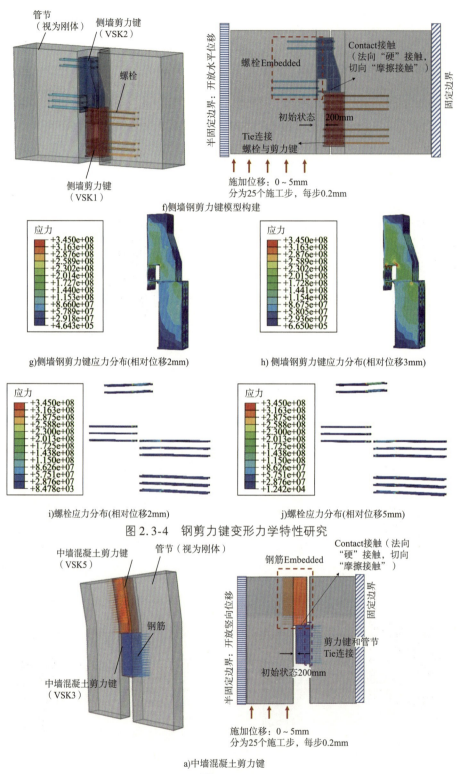

f) 侧墙钢剪力键模型构建

g) 侧墙钢剪力键应力分布(相对位移2mm)

h) 侧墙钢剪力键应力分布(相对位移3mm)

i) 螺栓应力分布(相对位移2mm)

j) 螺栓应力分布(相对位移5mm)

图 2.3-4 钢剪力键变形力学特性研究

a) 中墙混凝土剪力键

图 2.3-5

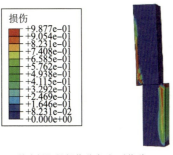
b) 剪力键塑性损伤分布(相对位移2mm)

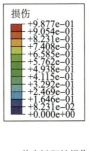

c) 剪力键塑性损伤分布(相对位移3mm)

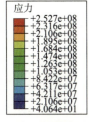

d) 钢筋应力分布(相对位移2mm)

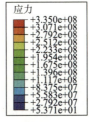

e) 钢筋应力分布云图(相对位移3mm)

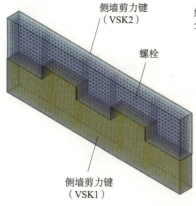
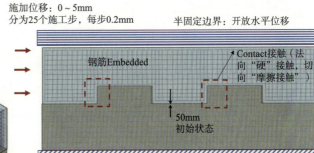

f) 水平混凝土剪力键构建

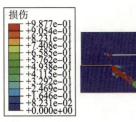
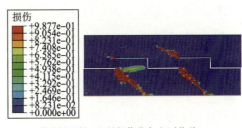

g) 剪力键混凝土塑性损伤分布(相对位移2mm)　　h) 剪力键混凝土塑性损伤分布(相对位移3mm)

图 2.3-5

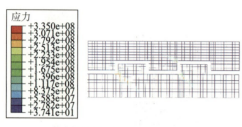 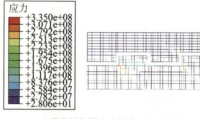

i) 剪力键钢筋应力分布(相对位移2mm)　　　　j) 剪力键钢筋应力分布(相对位移3mm)

图 2.3-5　混凝土剪力键变形力学特性研究

通过剪力键结构细化计算分析结果可知,剪切变形过程中,剪力键结构刚度较大,极限抗剪切位移相对较小。剪力键标准制定时,结合设计文件、类似工程剪力键极限位移控制标准调研结果与剪力键施工填充空隙尺寸,取定其最大相对剪切变形控制标准为20mm,提出不同预警等级控制标准如表2.3-2所示。

管节接头横向剪切变形预警标准　　　　表 2.3-2

预警等级	适应性描述
Ⅰ	相对剪切变形≤10mm
Ⅱ	10mm＜相对剪切变形≤15mm
Ⅲ	15mm＜相对剪切变形≤20mm
Ⅳ	相对剪切变形≥20mm

2.3.3　通风排烟设施

港珠澳大桥沉管隧道侧壁排烟系统属于典型的重点排烟方式。排烟阀作为沉管隧道排烟系统的重要组成部分,发生火灾时,其工作状态将直接影响排烟系统的性能。因此有必要对排烟阀进行适应性评定与及时预警。

在技术状况评定中,针对交通工程与附属设施的评定,一般采用完好率作为指标进行评价。虽然它能直观地反映处于正常状态的排烟阀比例,但无法反映损坏排烟阀对系统性能的影响。为了更准确地评估排烟系统故障对性能的影响,从控烟效果和人员安全角度出发,选择可用安全疏散时间、烟气逆流长度和排烟效率作为评价与预警指标。本小节将通过灾情反演的方式,假设多种火灾场景,开展数值模拟计算,获取可用安全疏散时间、烟气逆流长度、排烟效率等评价指标。排烟阀故障存在多种原因,但总体故障现象表示为两种形式:一种为开启动作卡阻(简称打不开),另一种为关闭动作卡阻或误开(简称关不上)。对此,开展相关仿真分析如图 2.3-6 所示。综合考虑多个指标的重要性,对可用安全疏散时间、烟气逆流长度和排烟效率进行归一化处理并加权求和,得到最终的综合预警指标。

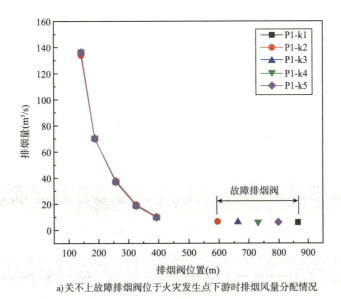

a) 关不上故障排烟阀位于火灾发生点下游时排烟风量分配情况

b) 关不上故障排烟阀位于火灾发生点上游时排烟风量分配情况

图 2.3-6

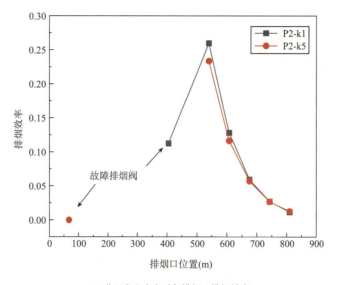

c) P2分区发生火灾时各排烟口排烟效率

d) P2-k1火灾烟气逆流长度

e) P2-k5火灾烟气逆流长度

图 2.3-6　典型故障条件下排烟阀排烟效果分析

（1）可用安全疏散时间表示在排烟系统的保障下人员安全疏散可用的时间。该指标能够一定程度反映排烟系统保障人员安全的性能，但不能完全代表人员的安全性。提出人员疏散风险系数 η，令其为必需安全疏散时间 T_{RSET} 与可用安全疏散时间 T_{ASET} 之比，见式（2.3-1）：

$$\eta = \frac{T_{RSET}}{T_{ASET}} \tag{2.3-1}$$

当 $\eta > 1$ 时，即必需安全疏散时间 T_{RSET} 大于可用安全疏散时间 T_{ASET}，无法保证人员安全疏散；当 $\eta < 1$ 时，即必需安全疏散时间 T_{RSET} 小于可用安全疏散时间 T_{ASET}，表明从疏散时间来看，能够一定程度保障人员安全；但 η 值越接近1，人员疏散风险越高。根据相关研究结论，港珠澳大桥沉管隧道发生火灾时人用逃生

必需安全疏散时间 T_{RSET} 为438s,其中180s 为疏散开始准备时间,258s 为疏散行动时间。

(2)烟气逆流长度,即在某种排烟模式下烟气沿隧道顶部向上游逆向扩散的距离。烟气在上游逆流距离越大,对人员疏散安全影响越大。但不同排烟模式下,火源上游开启的排烟段长度(最外侧排烟口至火源距离)不同,直接比较烟气绝对逆流长度 L,无法以统一的尺度反映风险程度。因此,引入烟气相对逆流长度 L',即为烟气绝对逆流长度与火源上游开启的排烟段长度之比,来表征不同排烟模式下烟雾扩散范围,见式(2.3-2):

$$L' = \frac{L}{(n-1) \times d + d/2} \tag{2.3-2}$$

式中:L——火源上游烟气绝对逆流长度(m);

L'——火源上游烟气相对逆流长度;

n——火源上游排烟阀组数;

d——每组排烟阀间距(m)。

在某种排烟模式下,烟气逆流范围可能会超出火源上游排烟段长度,此时 L' 将大于1。为便于风险分值计算,将 L' 作归一化处理为 L^*,见式(2.3-3):

$$L^* = \frac{L'}{\max L'} \tag{2.3-3}$$

(3)排烟效率 β 即火灾烟气排出效率,令排烟效率风险因子 $\alpha = 1 - \beta$。

最终选取人员疏散风险系数 η、烟气逆流长度 L^*、排烟效率风险因子 α 作为评价和预警指标,以评估排烟阀故障对排烟系统性能的影响。为了将可用安全疏散时间、烟气逆流长度、排烟效率3项指标的因素综合考虑,采用加权求和的方法计算排烟阀设施风险分值。计算方法见式(2.3-4):

$$M = \omega_1 \eta + \omega_2 L^* + \omega_3 \alpha \tag{2.3-4}$$

式中:M——排烟阀设施风险分值;

ω_1——人员疏散风险系数的权重;

ω_2——烟气逆流长度的权重;

ω_3——排烟效率风险因子的权重。

采用层次分析法确定各指标权重。邀请若干业内著名专家确定了人员疏散风险系数、烟气逆流长度、排烟效率风险因子的权重分别为 0.6、0.25、0.15。排烟阀故障预警等级划分标准见表 2.3-3。

表 2.3-3　排烟阀故障预警标准

预警等级	预警阈值	适应性描述
Ⅰ	[0,0.6)	无异常情况或异常情况轻微,对交通安全基本无影响
Ⅱ	[0.6,0.8)	基本正常,可能会影响人员、行车安全,需按计划维修或更换故障排烟阀
Ⅲ	[0.8,1]	尚能运行,会影响人员、行车安全,需尽快维修或更换故障排烟阀
Ⅳ	$\eta>1$,排烟阀关不上故障	危险状况,已危及人员、行车安全,需立即维修或更换故障排烟阀

2.3.4　照明设施

沉管隧道是特殊的半封闭空间结构,很难将沉管隧道内部亮度和洞外亮度保持一致,这就导致了沉管隧道洞内和洞外亮度值的巨大差异。该亮度差异势必会引起一系列的视觉问题,其中较为突出的有两个问题:一是由于视觉目标亮度值和与视觉目标直接相关的背景亮度值低于视野区域平均亮度引起的感知度下降问题,二是由于视觉系统需要时间去适应亮度变化(特别是亮度降低引起的暗适应)引起的亮度适应问题。

虽然以完好率作为评价指标可以直观地反映沉管隧道内照明设施的数量,但无法直观地反映照明设施的功能。特别是当照明灯具出现连续区段故障时,隧道路面的亮度与均匀度严重降低,驾乘人员通过照明灯具连续故障区域,其行车安全风险逐步增加。在隧道的实际运营中,隧道照明灯具的损坏偶有发生,维修时常因封闭隧道带来巨大的经济损失,如果放置不理又会带来严重的交通隐患。因此,有必要深入研究并量化隧道照明设施维养时的均匀度问题对驾驶员的影响程度,获得符合行车视觉下的隧道均匀度变化值。为此,通过设计行车照明试验,研究不同行驶速度、灯具失效组合及车辆行驶位置等因素下的均匀度对驾驶员视认小目标物的影响。

按行驶速度分别为60km/h、80km/h、100km/h时的停车视距,将小目标障碍物分别放置在56m、100m、158m处,随后借助软件控制程序将灯具的光通量分别维持在100%、90%、80%以及70%,控制不同灯具失效组合时阴影区域的移动速度,对小目标障碍物进行识别试验。试验设计及实施过程在4.3节中具体介绍。

采用人工神经网络对试验结果进行研究分析,对比不同算法的优劣,利用长短时记忆(LSTM)算法对照明灯具故障工况数据进行训练,构建沉管隧道照明设施服役状态评估模型。通过监测照明设施完好状况与路面亮度状况,根据结果对隧道照明设施适应性进行评定及预警,评定及预警标准限值见表2.3-4。

隧道照明设施评定及预警标准 表2.3-4

预警等级	预警阈值	适应性描述
Ⅰ	—	照明灯具完好,功能正常;平均亮度、均匀度等参数符合规范要求
Ⅱ	路面亮度大于初始值85%;或连续两侧照明灯具故障不超过2个	照明灯具完好,性能发生退化,亮度出现衰减;或连续两侧照明灯具发生故障,路面均匀度降低,平均均匀度满足规范要求
Ⅲ	路面亮度大于初始值70%;或连续两侧照明灯具故障不超过5个	照明灯具完好,性能发生退化,亮度持续衰减严重;或连续两侧照明灯具发生故障,路面均匀度降低,平均均匀度满足规范要求
Ⅳ	照明灯具完好,照明灯光昏暗;或连续两侧照明灯具发生故障,路面均匀度降低,平均均匀度难以满足规范要求	照明灯具完好,照明灯光昏暗;或连续两侧照明灯具发生故障,路面均匀度降低,平均均匀度难以满足规范要求

2.4 评定数据标准及应用

应采用评定元数据对沉管隧道评定所包含的信息进行描述,并应符合现行《桥岛隧智能运维数据 数据表达通用规则》(T/GBAS 2)的规定。沉管隧道评定元数据包括评定对象元数据、评定组成元数据、评定分项元数据,元数据模型见图2.4-1。

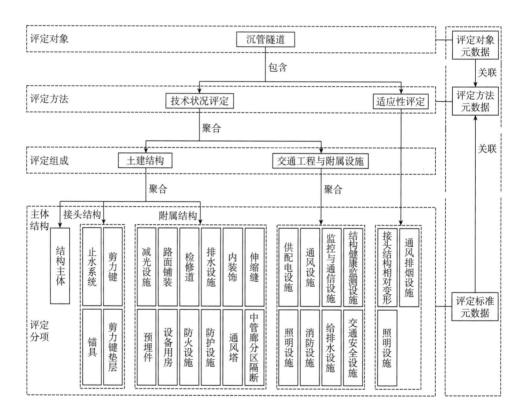

图 2.4-1 沉管隧道评定元数据模型

应采用沉管隧道评定对象元数据描述沉管隧道的结构、设施、检测等基本信息及沉管隧道评定触发条件、评定单位、编制人员等评定信息。沉管隧道评定对象元数据与沉管隧道结构元数据、交通工程设施结构元数据、沉管隧道检测元数据应通过"唯一编码"数据元进行关联,关联关系见图2.4-2。

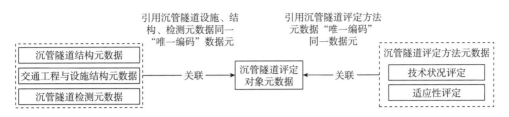

图 2.4-2　沉管隧道评定对象元数据及关联关系

应采用沉管隧道评定方法元数据描述沉管隧道评定开展相关的方法、权重等相关数据。沉管隧道评定方法元数据与沉管隧道评定对象元数据、沉管隧道评定标准元数据应通过"唯一编码"数据元进行关联,关联关系见图 2.4-3。

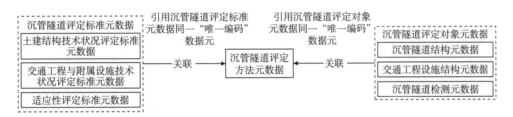

图 2.4-3　沉管隧道评定方法元数据及关联关系

应采用沉管隧道评定标准元数据描述沉管隧道评定开展相关的标准。包括土建结构技术状况评定标准元数据、交通工程与附属设施技术状况评定标准元数据、适应性评定标准元数据。沉管隧道评定标准元数据是评定工作开展的重要依据,沉管隧道评定标准元数据的关联关系见图 2.4-4。

数据标准使用的重要性则在于确保在沉管隧道评定内容、方法、流程以及评定各环节数据输入、输出与评定指标结果数据的内容及格式的一致性和可比性。只有数据标准使用得当,才能保证评估结果的可靠性,使不同时间、地点和实体之间的评估结果具有可比性,从而为决策和管理提供准确的依据。

数据标准使用的重要性还体现在数据的质量控制上。通过制定和遵守数据标准,可以明确数据采集和录入的要求,规范数据处理的过程和方法,提高数据的一致性和准确性。同时,数据标准还能够帮助发现和纠正数据中可能存在的缺陷和错误,提高数据的质量和可信度。

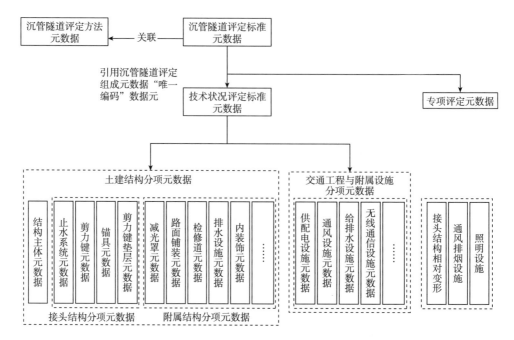

图 2.4-4　沉管隧道评定标准元数据及关联关系

2.5　本章小结

本章重点介绍了沉管隧道服役状态评估体系,并聚焦主要结构和关键设施,对管节接头部位、通风设施和照明设施进行了适应性评定与预警研究,主要结论如下:

(1)为了实现沉管隧道系统海量实时服役数据及状态推演信息的高效存储与可视化呈现,结合港珠澳大桥沉管隧道土建结构、交通工程与附属设施等各项设计资料,构建了基于数据模型创建技术的沉管隧道数字化底座,为沉管隧道的一体化评估提供了信息搭载的基本载体。实现了沉管隧道关键资产信息、服役信息及模拟信息的科学管理与综合应用。

(2)对于沉管隧道的技术状况评估,综合考虑沉管隧道与其他公路隧道的差异,提出了分层评定与沉管隧道单项控制指标相结合的沉管隧道技术状况评定方法,并将不同区段土建结构统一细分为主体结构、接头结构、附属结构和交通工程与附属设施,实现分项逐级、系统加权的技术状况综合评定。

(3)面向沉管隧道的长期安全与稳定服役,以组合结构承载限位能力及机电设施失效抗性的量化描述为导向,结合大比尺模型仿真试验、智能数值仿真计算分析、人工智能分析应用等方法,提出了沉管隧道系统化评估控制指标及多级预警限值。

(4)面向桥岛隧一体化评估需求,设计了技术状况评定与适应性评定相结合的沉管隧道服役状态综合评定方法,并制定了评定数据的相关应用标准。

CHAPTER 3 | 第 3 章

沉管隧道服役环境及状态综合感知技术

实现沉管隧道服役状态的精细化、智能化综合评估,前提是获取包括对其外部服役环境及自身服役行为的感知关键服役信息。感知的实质是对研究对象"由表观到内在""由局部到全局"的认识过程。一方面,"感"代表着对研究对象状态表征的直接感测,通常基于各类固定或可动、局部或分布的测试手段,获取研究对象表观服役信息;另一方面,"知"则代表对研究对象内在状态的判定知悉,是结合有限测试数据及先验知识后,探索研究对象内在服役性能。

为此,本章分别从外部服役环境、土建结构及机电设施三方面,对沉管隧道服役信息综合感知技术的研发成果进行介绍。

3.1 沉管隧道外部服役环境智能感知

海底沉管隧道长期承受基础变形及海底洋流等复杂环境荷载的耦合作用,直接影响其整体服役行为。因此,综合感知沉管隧道所处的服役环境,对保障海底沉管隧道的服役安全与长期稳定具有重要意义。目前,针对沉管隧道外部服役环境的感知方法普遍存在可感性差、精度较低、智能化弱等问题,亟需针对沉管隧道服役状态系统性管控需求,研发沉管隧道外部服役环境智能感知的成套技术。

3.1.1 地形地层探测

为了有效获取沉管隧道顶部回淤信息,同时解决我国的声学数据处理软件基本依赖进口,无法满足多系统集成、多源信息融合处理的需求,难以实现对集成系统信息的快速、准确处理等现状,研发基于无人搭载平台的水下地形地层检测装备、水下地层数据精处理等技术,实现沉管隧道外部地形、地层的精准测量。

1)多波束地形地层探测

多波束地形地层探测由基于无人搭载平台的水下地形、地层检测装备由船端和岸端两部分组成,如图3.1-1所示。

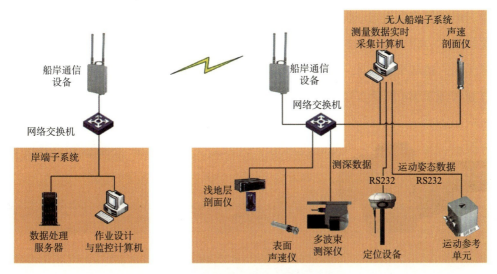

图 3.1-1 多波束测深系统组成框图

无人船端部署水下地形检测功能设备、辅助传感器、测量数据实时采集计算机等。

(1) 水下地形检测功能设备包含多波束测深仪、浅地层剖面仪等。

(2) 辅助传感器包含基于北斗的定位设备、运动参考单元、声速剖面仪、表面声速仪等,亦可直接使用组合惯导设备以替代定位设备和运动参考单元。

辅助传感器中,定位设备输出无人船实时位置,运动参考单元实时输出横摇、纵摇、艏向、深沉信息,这两个传感器数据属于各个分系统、设备都需要的基础输出,需要分别输给无人艇导航控制软件、水下测量功能设备、测量数据实时采集软件。声速剖面仪属于测绘期间间歇性使用设备,用于间断性进行垂直声速剖面的吊放采集,其数据用于多波束测量的后处理。

(3) 测量数据实时采集计算机通过网络以及串口,接入并采集/储存水下测量功能设备、辅助传感器的数据并做好各种输入数据的时间同步。

岸端部署作业设计与监控计算机、数据处理服务器等。作业设计与监控计算机具备测量任务设计、测量任务执行、状态监控等功能。数据处理服务器(与其他检测设备数据处理共用服务器)用于处理采集的地形数据并进行后处理以及成图处理。

2) 探测系统组成

(1) 基于无人搭载平台的水下地形检测设备。

通过换能器湿端、甲板单元等水下地形检测技术及装备研究,以及声速剖面测量技术、高精度定位技术、表面声速测量技术等外部辅助传感技术研究,研制基于无人搭载平台的水下地形检测设备硬件样机,如图 3.1-2 所示。设备软件界面如图 3.1-3 所示。

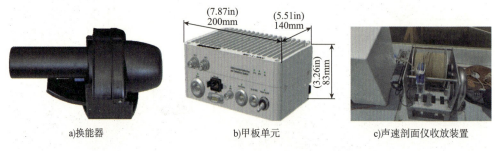

图 3.1-2　水下地形检测设备硬件

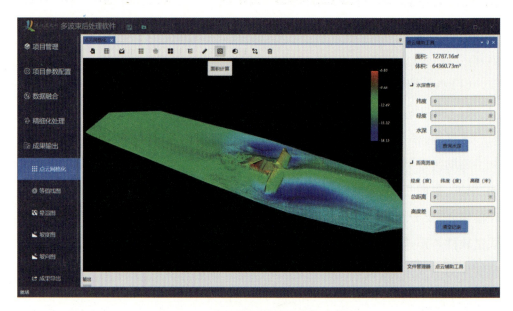

图 3.1-3　水下地形检测设备软件界面

(2)基于无人搭载平台的水下地层检测设备。

通过浅剖数据解析及底层图像生成、浅剖数据精处理等关键技术研究,研制基于无人搭载平台的水下地层检测设备软件调试版,如图 3.1-4 所示。

3)基于无人搭载平台的现场应用

相关技术在港珠澳大桥海底隧道的地形地层检测中进行了长期应用,以下结合部分实测数据对扫测效果进行介绍。

图 3.1-4　水下地层检测设备软件界面

(1)沉管隧道周边地形分析结果展示。

隧道基槽区域数据成图效果如图 3.1-5 所示。总长约 5.5km,宽度为 500m,总面积约 2.75km^2,最小水深为 2.0m,最大水深为 35.3m,平均水深为 15.6m。隧道东西部沉管隧道区域可较为清晰地看出沉管顶抛石,隧道中部区域从西人工岛至东人工岛方向,整体地形变化为由西向东逐渐变深,然后再缓慢由浅变深,最后变浅出至东岛桥隧结合部。

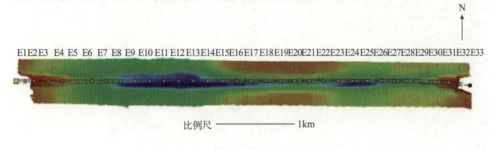

图 3.1-5　隧道区域整体水深分层示意图

(2)沉管隧道顶部地层分析结果展示。

本次检测使用蛇形测线检测了横向跨越沉管隧道上方的地层情况,其中一般区域中海底淤泥反射层呈现清晰,淤泥层通常在 3~6m 范围内。沉管隧道上方检测结果分为西段、中段、东段,沉管北侧存在较深新淤积黏土层;南侧新淤积层深度较浅。根据检测,西段沉管顶部水深约为 15~25m。根据自然淤积层的中断位置得到沉管沟槽开挖的大致位置,判断出沉管北侧存在 7~8m 的淤积情况,南侧存在 4~5m 的淤积情况。沉管中段位置较深,大多已不能识别此位置沉管顶部保护层的信号特征,南侧水深约为 32~34m。根据自然淤积层的中断位置与新淤积层位的信号特征判断沉管沟槽的开挖位置,测量得到北侧存在 5~7m 的淤积情况,南侧存在 3~4m 淤积情况。沉管西段附近沉管上方水深约为 15~20m,南侧深度约为 16~30m。

扫测位置如图 3.1-6 所示,扫测区域总长约 16000m,蛇形测线间隔最宽处约 480m、最窄处约 220m,测线覆盖总面积约 5280349m^2,最小水深为 7.1m,最大水深为 34.6m。

图 3.1-6　扫测位置

隧道顶部地层信息如图 3.1-7 所示,能够测量到隧道顶部经度 113°49′55.6″、纬度 22°16′59.12″处的厚度和分层信息,厚度为 3.73m。

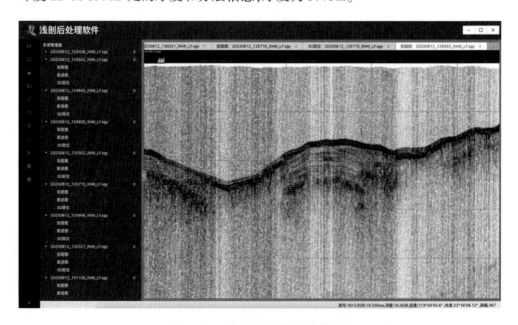

图 3.1-7　隧道顶部地层检测效果

3.1.2 海洋动力监测

为了确保沉管隧道的安全运行,需要对海洋动力环境进行监测。海洋水动力主要包括潮汐、潮流、波浪、风速风向、水体温盐和含沙量等要素。

1)监测系统组成

海洋动力自动化监测系统包括监测传感器、数据传输存储及后台软件等部分。通过搭载不同类型的传感器,可以完成对海洋动力数据的测量;系统能够全天候无人值守、连续同步测量海上的波浪、潮汐、盐度、海温、气温、气压等海洋环境要素数据;通过卫星通信方式,将实时监测数据自动传输至监测预报中心;建立海洋水文数据库,对监测数据进行分类,按照相应的数据格式进行存储。

2)现场实测情况

以港珠澳大桥沉管隧道海洋动力监测为例,海洋实时水文监测站位于青州桥西北侧的四号平台,另外在西人工岛右侧航道处和风帆桥三号平台处设置两个临时监测站。由于西人工岛受岛体影响且位于中华白海豚国家级自然保护区内,因此不适合布置长期监测站。四号平台位于伶仃洋中部、青州桥航道西侧,四周无遮挡,条件比较适宜,同时西人工岛右侧航道处和风帆桥三号平台的两个临时监测站的数据可以与四号平台数据对比,来验证四号平台长期监测站数据的代表性。

海洋动力监测的内容包括潮位、风速、风向、波浪、流速、流向以及水体含沙量。海洋动力监测仪器设备于2020年8月中旬安装固定完毕,并开展长期监测至今,积累了多次台风极端条件下港珠澳大桥周边海洋动力环境的重要基础数据。以台风"海高斯"为例,该台风于2020年8月19—20日在珠海金湾登陆,登陆期间监测站对台风"海高斯"进行了全程监测,并对台风期间的海洋动力数据进行了整理和分析。

海洋动力监测系统在台风"海高斯"登陆期间的实时监测数据如表3.1-1和图3.1-8所示。期间最高潮位为2.57m,出现时间为2020年8月19日8:20,最低潮位为-0.46m,出现时间为2020年8月19日16:20;瞬时风速最大值为

26.13m/s,风向为 126°;2min 平均风速最大值为 20.47m/s,风向为 108°;10min 平均风速最大值为 21.13m/s,风向为 128°;台风登陆期间出现频率最高的为 SE 向来风,其次是 NE 向来风。

台风登陆期间风速最大值统计表　　　　　　　　　　表 3.1-1

风速统计值	最大瞬时风速	2min 平均风速	10min 平均风速
最大风速值	26.13m/s	20.47m/s	21.13m/s
对应风向	126°	108°	128°
出现时间	2020 年 8 月 19 日 5:50	2020 年 8 月 19 日 5:40	2020 年 8 月 19 日 5:50

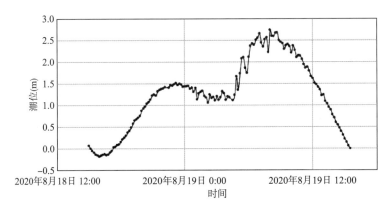

图 3.1-8　台风登陆期间潮位历时曲线图

对台风登陆期间的 $H_{1/3}$ 波高进行波级统计,测站波高历时过程如图 3.1-9 所示。实测海域主要以 3 级(小浪)为主,即波高 $H_{1/3}$ 出现频率最大波段在 0.5m 至 1.25m 之间,占监测期间波高总数的 48%;其余为 2 级(小浪)和 4 级(中浪),频率分别为 31% 和 21%。台风登陆时,波高 $H_{1/3}$ 最大值为 1.99m,属于 4 级浪。台风登陆期间波向主要集中在 S 向,占期间波浪的 27.6%;其次为 SE 向,占期间波浪的 17.2%。

台风登陆期间,测站涨潮最大流速为 1.05m/s,对应流向为 6°,出现在底层,出现时间为 2020 年 8 月 19 日 6:50;测站落潮最大流速为 1.70m/s,对应流向为 179°,出现在表层,出现时间为 2020 年 8 月 19 日 15:00。涨潮阶段测站流向主要集中在 NNW 方向,落潮阶段流向主要集中在 SSE 方向。

选取台风期间 2020 年 8 月 18 日 15 时至 2020 年 8 月 19 日 15 时之间的水体含沙量数据,绘制水体含沙量变化图,见图 3.1-10。由图 3.1-10 可知,台风期间测站最大水体含沙量为 1.53kg/m³,出现在 2020 年 8 月 19 日 7:00。

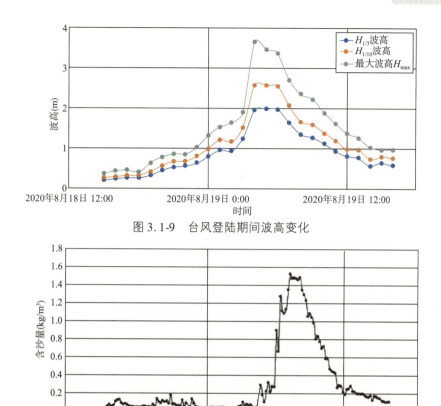

图 3.1-9　台风登陆期间波高变化

图 3.1-10　台风登陆期间水体含沙量变化图

3.2　沉管隧道土建结构服役信息感知

沉管隧道土建结构在长期运营过程中的演变劣化不可避免,尤其对于修建在软土地层之上的沉管隧道,由于地基沉降、车流、潮汐、冲刷回淤等外部可变荷载的反复作用,会使隧道产生不均匀沉降和局部受损,降低隧道结构使用寿命,严重时甚至危及行车安全。因此,针对海底沉管隧道土建结构服役信息的感知是保障隧道系统长期安全服役的重要基础。

尽管近年来国内外学者针对沉管隧道结构服役信息的检测、监测技术开展了大量研究,但大多依赖人工操作的接触式测试方法,且针对沉管隧道这一处于水下环境的半隐蔽性结构,普遍欠缺隐蔽、遮挡部位病害的可靠感知手段。因此,对沉管隧道结构服役状态智能化、系统化感知技术及装备的研发尤为重要。

以下结合港珠澳大桥海底隧道工程背景,从既有人工巡检及健康监测系统出发,介绍沉管隧道土建结构服役信息智能感知技术的相关研究成果。

3.2.1　土建结构常规感知手段

1)人工巡检

人工巡检是沉管隧道运维技术的重要组成部分,对于保障沉管隧道的安全运营和高质量发展具有重要意义。由于沉管隧道快速发展,目前国内外尚未形成统一的沉管隧道人工巡检标准、规范。为此,以港珠澳大桥海底隧道为例,对土建结构的主要人工巡检内容的进行介绍。

按照实施目的,检测作业可分为初始检查、日常巡查、经常检查、定期检查、应急检查和专项检查等。针对沉管隧道土建结构,人工巡检的主要任务包括变形变位检测、缺损检测、渗漏水检测、材质劣化检测等。对于不同的结构部位,其检测重点亦存在差异。

(1)主体结构。

主体结构指代沉管隧道的节段断面结构,巡检内容主要包括结构本体及接缝。对于结构本体,检测任务主要包括结构的变形、变位、缺损、渗漏、材质劣化等;而对于接缝部位,则主要关注变形、变位及渗漏水情况。

(2)最终接头。

最终接头是指沉管隧道结构的最后一段用于连接两侧的管节,以实现隧道的贯通,其主要人工巡检主要关注接头本体、剪力键及止水系统。对于接头本体,结构缺损、渗漏水及材料劣化情况是人工巡检的主要任务,渗漏水情况是关注的重点;对于剪力键结构,人工巡检主要围绕接头剪切量、垫层位移等结构变形情况以及涂层脱落、钢材锈蚀、垫层破损等结构损伤情况;而对于止水系统,接头张合量、结构破损及渗漏水是关注的重点。

(3)管节接头与节段接头。

管节接头由多层止水带、多向剪力键构成,是作为管节间重要的连接及防水结构;节段接头是沉管隧道在预制过程中节段之间的连接结构,起到约束节段相对变形的作用。对于管节接头与节段接头,其主要巡检内容与最终接头类似,主要围绕接头本体、剪力键及止水系统的结构变形、变位、表观损伤开展定期检测,并重点对渗漏情况进行日常巡检;当对其产生原因及详细情况不明时,应做专项检查或应急检查。

2)土建结构健康监测系统

沉管隧道土建结构健康监测系统融合了结构监测、系统辨识和结构评估等功能。从服役状态的结构中获取数据并对数据进行处理和分析,以此来评估结构的主要性能指标(如可靠度、耐久度、承载能力等),为结构在突发事件下或使用状况严重异常时触发预警信号,为结构后期维修、运营过程中的保养与实施过程中的管理决策提供依据并给予相应的指导,从而形成一种适合结构安全运行和评定的监测系统。

以港珠澳大桥海底隧道为例,根据结构监测的流程,可以将结构健康监测系统分为3个模块:传感器模块、数据采集模块和数据处理模块,如图3.2-1所示。

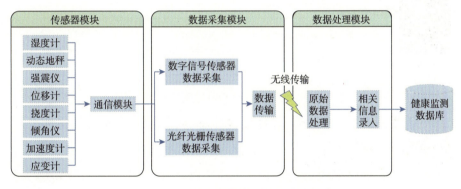

图3.2-1 结构健康监测系统总体组成

(1)系统组成。

①传感器模块。

根据需要监测的对象和目的,通过安装相应传感器将待测的物理量转变为电信号、光信号等。结构健康监测系统对如下监测项进行监测:

a. 重要的环境荷载(环境湿度、湿度、交通荷载、地震);

b. 关键代表性构件、控制截面的变形状况(管节间相对位移);

c. 关键控制截面的应变(侧墙、内墙、顶底板及管廊处的应变等);

d. 混凝土氯离子腐蚀进程监测;

e. 止水带渗漏监测。

②数据采集模块。

对于光纤光栅类传感器,需要由光纤光栅解调仪对信号进行解调,将光信号转化为数字信号,便于数据处理。该解调仪应具有大功率扫描激光光源,同时监测多个传感器,所有通道的全部传感器能以高频率同时扫描;解调仪还应具有充足的扩展接口,易于数据通信,便于传输控制协议/网际协议(TCP/IP)远程控制。

由于本系统使用的光纤光栅传感器数目较多,考虑测量的可靠性和易维护性,每通道串联10个光纤光栅传感器,分为多路,再通过光缆连接到光纤光栅解调仪。若在个别位置,单通道需要连接多个光纤光栅传感器时,可以采用串联后通过光纤耦合器并联的方式合成一个通道,如图3.2-2所示。

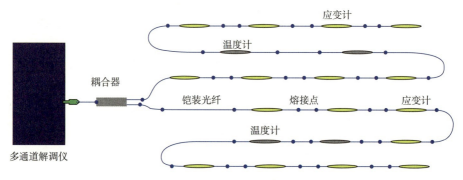

图 3.2-2　光纤光栅传感器连接组网示意图

而对于数字信号类传感器,如加速度传感器、压力变送器及位移计等,需要经由对应的数据采集系统完成信号的模/数转换、数据预处理、数据压缩和数据发送等。数据采集仪将传感器输出的模拟信号(如电压、电流等)转换为数字量,便于进行后续处理。同时进一步对数字信号分析计算,得到所需的相关信息。数据采集仪的构成如图3.2-3所示。

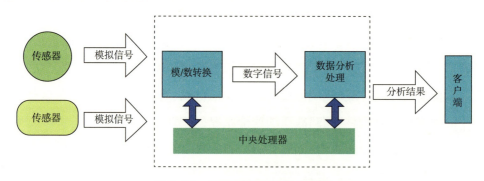

图 3.2-3　数据采集仪结构示意图

③数据处理模块。

数据处理模块需能完成在监控中心以及现场进行监测数据的校验、结构化存储、管理、可视化以及对监测采样的管控工作。其主要功能如下：

a. 能够控制传感器模块的采样；

b. 将传感器信号转换为目标测试量；

c. 对监测数据校验，包括评估数据质量、剔除异常值、抽取优良数据、判断传感器和数据采集板卡工作状态，如有异常应给出报警；

d. 根据需要对数据进行滤波和重采样，提高数据信噪比，同时降低数据量；

e. 能够响应后续功能模块对数据的请求，向综合数据处理平台提交所需数据；

f. 数据的结构化以及存储、查询、可视化。

（2）监测内容及布点情况。

结合港珠澳大桥海底沉管隧道，对沉管隧道靶向监测指标进行说明。根据沉管隧道主体结构特点设置相关的健康监测内容与指标，具体如表3.2-1所示。

监测布点情况统计表　　　　　表3.2-1

序号	监测项目类别	监测内容	监测指标	断面数/测点数	监测管段
1	结构响应	地震动	地震动加速度	5/5	东西暗埋段、E1、E17、E33
2		应力应变	混凝土应变	10/57	东西暗埋段、E1、E4、E13、E17、E24、E29、E33、最终接头
3		管节张合	接头张合量	34/136	所有接头
4		结构变位	沉降	—	所有管节
5		水密性	管节水密性	—	所有接头（其中有7个接头正常）
6	环境	结构温度	温度	10/57	东西暗埋段、E1、E4、E13、E17、E24、E29、E33、最终接头
7		环境温、湿度	温、湿度	19/19	1、2、3、5、6号柜（东西暗埋段、E6、E17、E27）
8		交通荷载	流量、车型、速度	1/6	东西暗埋段
9	其他	结构腐蚀	—	—	—
10		水深与流速	水深、流速	—	桥下

部分类型传感器的布点方案如图 3.2-4 所示。

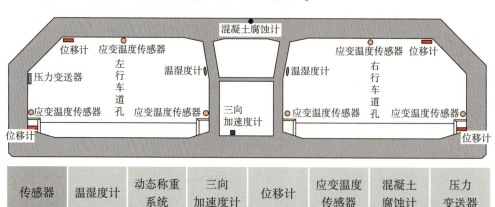

图 3.2-4　监测测点布置方案

3.2.2　土建结构智能感知手段

由上述介绍可以看出,尽管既有的人工巡检及健康监测系统能够涵盖绝大多数沉管隧道的服役风险项点,但普遍存在检测功能单一、实施过程烦琐、系统智能化集成度低等问题。针对此问题,研究人员依托港珠澳大桥海底隧道工程,从机器视觉、红外成像、激光传感、无人化测试等方面出发,开展一系列智能化感知手段的研发。

1)沉管隧道接头相对变形摄影测量

对运营期间水下沉管隧道的绝对变形和相对变形进行监测,可以及时发现和评估回淤、沉降、位移、应力、渗水等问题,保证隧道结构的安全性和耐久性,保持隧道的通行能力和舒适性,保护隧道的周边环境和结构物,提高隧道的管理和维护效率。因此,对沉管隧道绝对变形和相对变形的感知十分必要。传统的沉管隧道绝对变形监测仍以全站仪、水准仪等人工测量手段为主,难以满足高效运维与精准预警需求,缺乏实时可靠的自动化监测手段。为此,研发人员提出一种基于摄影测量的管节接头相对变形感知技术。

(1)摄影测量方法。

对于沉管隧道,其管节接头相对变形是影响结构防水及损伤发展的重要因素,但受限于车道运营需求,上述相对变形很难通过接触式测量方法获取。为此,利用视频图像处理技术,对接头部位的结构变形情况进行集成测量。

首先,研究人员在港珠澳大桥海底隧道中完成相机及标靶的安装后,需要对相机参数进行标定;在此基础上,通过图像处理的方式,获得监测点的中心坐标,设置系统监测的初始位置点;之后,根据计算的尺度信息获得隧道的真实偏移量。具体实现流程如下:

①相机内参数标定。

系统采用双目相机来搭建检测与测量系统。由于两个相机没有公共视野且长焦镜头视野范围大,因此采用手眼标定模型,并使用立体标志物实现初始参数的标定。在此基础上,通过张氏标定法,对主点、焦距、畸变等相机内参数进行优化。

②相机外参数标定。

相机外参数标定算法主要用于后期的位置矫正。根据现场实际情况,从手眼标定与双目标定两方面完成相机外参数标定。先构建相机标定的手眼标定模型,结合立体标志物的三维点坐标计算方式,采用基于立体标志物的方式获得相机标定的初始参数。在此基础上,通过蝙蝠优化算法(BA)对其进行优化,以提高标定的精度。

③相机初始位置校正。

在人为干扰或是安装相机处的隧道发生偏移时,监测相机观看的监测点的初始位置发生变化,此时需要通过标定的相机参数对初始的监测点位置进行校正。计算校正相机相对于初始位置的位姿的变化量,如果变化量超过设定的阈值后,通过此时的位姿信息,将监测点的三维信息重投影到检测相机的图像平面,获得新的初始位置信息。

④结构相对变形识别。

在获得监测点与校正相机的初始位置后,利用自编程序开展隧道管节接头相对变形的测量,并将监测点偏移量与相机的偏移量传输至云端服务器,利用沉管隧道数字化底座进行可视化呈现。

(2)测量系统组成。

研发人员在港珠澳大桥沉管隧道的10处管节接头安装了接头相对变形摄影测量系统。考虑隧道断面大、视场范围大,为确保准确测量,每处监测点布设

3套相机,分别对拱顶及左、右边墙处接头三向相对变形进行测试,并以测试值平均值作为实际输出项。现场部署测量系统组成如图3.2-5所示。

a)测量摄像头

b)侧墙标靶

c)现场工控机箱

d)数据采集处理模块

图3.2-5 接头相对变形摄影测量系统

(3)现场应用效果。

自测量系统部署完善后,研发人员对10处管节接头的相对变形情况进行了长期测试。系统的采样频率设定为1min/次,数据采集稳定,局部波动来源于结构微小振动及测试误差。

2023年9月2日3:30,台风"苏拉"在广东省珠海市南部沿海登陆,登陆时中心附近最大风力有14级(45m/s),中心最低气压为950hPa。利用上述系统,成功捕捉了管节接头的相对变形情况,如图3.2-6所示。

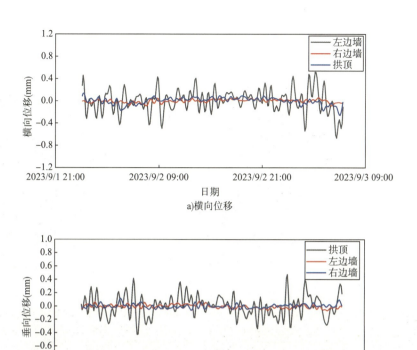

图 3.2-6 台风"苏拉"期间管节接头变形实测结果

可以看出,港珠澳大桥沉管隧道接头相对变形均处于平直稳定状态,其中左、右边墙的响应幅值基本一致,而拱顶波动较为显著,但整体幅值均较小,可以认为接头结构没有因台风登陆而产生显著的状态变化。

综上,研发的接头相对变形摄影测量技术,能够实时掌握沉管隧道接头薄弱环节的多向相对变形情况,从而为隧道结构适应性评估提供重要的基础数据。

2)基于串联柔性相机网络测量技术的沉管隧道变形监测方案

项目研发团队首创了基于柔性相机网络的沉管隧道变形监测系统,由灵活组合、配置和布设的相机测站构成网络节点,可在监测区域内按需布设网络节点实现全区域多点变形的实时测量,从而获取多个控制位置的隧道绝对沉降变形量。

依托港珠澳大桥沉管隧道,开展了基于串联柔性相机网络的沉管隧道绝对变形监测装备的应用研究。串联柔性相机网络布设简便,操作简单,测量结果精确且数据稳定性强;通过相机测站串联组网的方式,可实现大跨度沉管隧道的实时高精度动态测量,无需其他测量仪器辅助。随着计算机视觉技术的发展,相机网络对沉管隧道绝对变形和相对变形高精度动态监测的能力将进一步提高。

(1)串联柔性相机网络测量方法。

串联相机网络原理如图3.2-7所示。首先将两个相机固定连接成双头相机测站,此时双头相机的位移和转角具有一致性,即形成固连约束;相邻双头相机测站间可设置多个测量点,成像于不同相机的同一测量点对应同一真实位移变化,形成同名标志约束。沿待测线状结构长度方向布设多个双头相机测站,测站间由合作标志点连接。基于上述约束,可在相机测站不稳定条件下实现对结构全域尺度下多点变形的高精度实时动态测量。

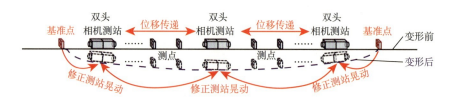

图3.2-7 串联柔性相机网络摄像测量原理

以沉降监测为例,由于相机链路安装在自身不稳定的被监测结构物当中,因此自身会发生六自由度的姿态变化,但对相机而言,引起待测点在图像中竖直(沉降)变化的物理量主要是自身的俯仰角以及相机竖直方向的位移量,再加上待测点自身在竖直方向的位移量。根据相机间成像的几何约束关系,若任意两点沉降已知,则可得到所有标志点的沉降、相机的沉降和倾斜,从而达到同步测量多点沉降变化的监测目的,并且所得测量结果不受测站自身位置发生沉降和倾斜的影响。

(2)串联柔性相机网络系统组成。

串联柔性相机网络是由双头相机测站、边缘计算处理器(终端)以及分布在相机测站间的若干标志点组成,如图3.2-8及图3.2-9所示。其中,双头相机测站具有拍照、发射红外光以及滤除可见光的功能;边缘计算处理器(终端)具有相机标定、标志特征提取与存储、数据信号传输以及网络与供电的功能。

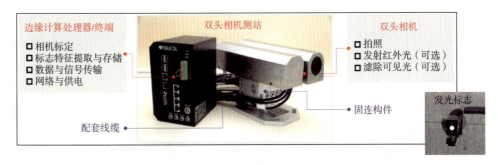

图 3.2-8　双头相机测站与发光标志

图 3.2-9　串联柔性相机网络系统示意

（3）基于串联柔性相机网络测量技术的隧道变形监测应用。

串联柔性相机网络测量技术具有广域多点实时动态变形监测的能力，通过沿隧道纵向布置多个双头相机测站，各个相机测站由合作标志连接（图 3.2-10），可以构建覆盖整个沉管隧道的监测系统，能够实现对沉管隧道的绝对变形和相对变形监测，包括水平和竖向位移、扭转，相邻管节接头错位、开合等差异变形。

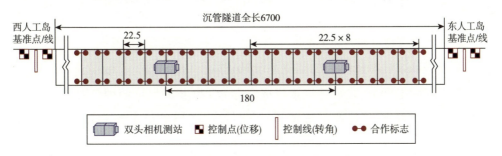

图 3.2-10　沉管隧道系统布设方案（尺寸单位：m）

整个测量系统沿沉管逃生通道上内壁处进行布设，其中采用合作标志作为监测点以实现 24h 不间断监测，如图 3.2-11 所示。合作标志中，点标志如 L 形双面棱镜、线标志如发光线性 LED 灯等不受光照条件影响，可实现沉管隧道的水平和竖向绝对位移的长期稳定监测。

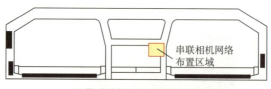

a) 沉管隧道截面及相机链路示意

b) 中廊道下层(测站布设处)

c) 小管节接头(测站点位)

d) 大管节接头(测点位)

图 3.2-11　沉管隧道水平和竖向位移监测系统布置示意图

基于串联柔性相机网络的监测系统具备以下功能：

①在时间维度上，能覆盖沉管隧道全寿命 120 年的设计使用年限。

②在空间维度上，能覆盖沉管隧道全长 6700m 的绝对变形和相对变形监测，监测参量包括水平和竖向位移、扭转，相邻管节接头错位、开合等差异变形。

相较于传统接触式位移监测方法，该技术具有广域多点实时动态监测的能力，主要技术优势体现在以下方面：

①具有自校准测量的能力。可以在不稳定观测平台上稳定工作，可直接放置于沉管隧道结构变形区域，突破了现有光学测量方法要求严格稳定平台的限制，为光学测量开拓了更好、更多的应用领域。

②具有大尺度、高精度"跨尺度测量"的能力。已经实现千米级范围测量精度误差在1mm的能力,尺度跨度大于6个数量级,突破了现有光学测量方法在测量尺度和精度之间的固有矛盾。

③具有多点同步动态"精细化测量"的能力。可以提供时间-空间两个维度下的水平和竖向位移、扭转,管节接头错位、开合等差异变形精细监测方法与数据。

综上,该技术将为水下沉管隧道变形监测提供一种新的视觉测量方案,该技术具有实时动态多点自校准监测能力,兼具测量范围广与测量精度高的优势,可适用于多种结构健康监测领域,在结构健康监测领域具有前瞻性和独创性的优势。

3)基于无人搭载平台的沉管隧道沉降智能检测技术

(1)沉管隧道沉降智能检测技术方法。

利用智能巡检机器人搭载并驱动全站仪实施沉管隧道沉降检测工作,可以继承全站仪在监测应用中的高可靠性、高精度、高置信度等优点。测试过程如图3.2-12所示,采用多测量点的整体平差算法实时解算处于隧道内部的观测点以及各转折参考点的空间位置参数,进而更新观测点参数并测量解算出待测点在基准坐标系下的三维坐标。利用隧道两端稳定区域的基准点,解决隧道传统监测过程中隧道内部监测基准点随隧道整体变形而无法检测出绝对变形量的问题,可反映出隧道整体相对于外部参考系下三个方向的变形量,从而推算出管节沉降变形数据。

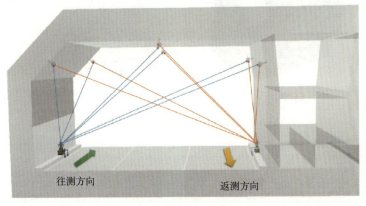

图3.2-12 沉管隧道沉降智能检测技术示意图

通过对比人工测量与智能检测方案,确定隧道内特征点的布置位置,利用极坐标法测量。高程按沉降观测精度要求组成闭合环进行观测,对观测结果进行严密平差计算处理,最终形成管节沉降报告,从而积累大量历史数据并结合数据融合、数据异构和数据挖掘技术进行沉降的趋势预测。为确保精度,将隧道两端的基准点事先引到隧道口附近,并可通过人工复核等校验方式确保精度。上、下行每条行车道都需要测量,综合测量结果进行平差处理后得出测量数据。

(2)沉管隧道沉降智能检测系统组成。

如图 3.2-13 所示,基于无人搭载平台的沉管隧道沉降智能检测系统由巡检机器人载具、自动整平平台、全站仪以及全站仪配套软件构成,与安装在隧道内的 360°棱镜配合使用。

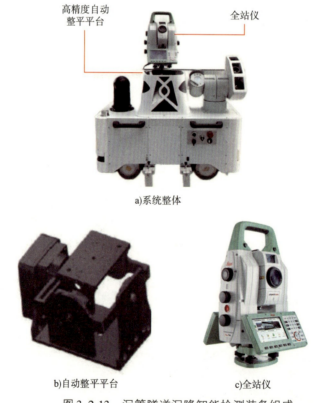

图 3.2-13　沉管隧道沉降智能检测装备组成

隧道断面内棱镜布设方案如图 3.2-14 所示。考虑沉管隧道带有较长的纵坡,自身也带有一定的扭转,隧道内测量点可能处于变形量较大的区域。为此,自动整平平台配合全站仪自身的倾斜补偿,可以使全站仪自身测站坐标系的 Z 轴始终保持铅垂向上,从而消除坡度影响、保证算法解算的正确性。而自锁的稳定机电平台确保全站仪在前看、回看动作过程中基准位置不发生改变,从而确保测量和解算结果的正确性。

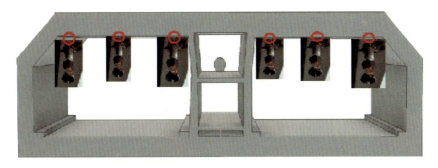

图 3.2-14　隧道内棱镜布设方案

(3)沉管隧道沉降智能检测系统实施。

按照《国家一、二等水准测量规范》(GB/T 12897—2006),选择满足要求的高精度全站仪,以隧道两端陆上高程控制点为基础,组成闭合环进行测量,测量结果进行平差计算处理再最终输出。为保证测量精度,利用机器视觉及深度学习技术对棱镜进行识别,排除灯具、反射贴等干扰物的干扰,引导全站仪进行粗瞄,避免出现重复测量、错误测量和测量遗漏问题。研发的机载高程测量系统能结合数据处理软件实现数据平差算法,使多点观测精度达到毫米级、每条通道往返测量形成闭环,在沉管隧道覆盖率达到100%。

系统在港珠澳大桥沉管隧道中进行了应用实施,为了保证测量精度,智能检测系统本身需具备高精度定位导航功能。由于隧道内无卫星定位,超宽带(UWB)等无线信号在隧道内会产生多径效应,不但定位信号不准确,传输距离也相当有限。隧道内检测路径长达6.7km,行走路线宽度仅75cm宽且有一定弧度,对智能巡检机器人载具的运动和导航能力均提出了较高要求;智慧巡检机器人运动精度高,采用UWB惯性导航、里程计等多手段融合定位导航体系及基于改进双边双向测距(DS-TWR)的位置感知和滑动窗口机制UWB隧道三维定位系统,实现了基于分布式联邦卡尔曼滤波的自适应UWB/多传感器信息融合算法实施避障和路径规划。该系统具备快速小幅度自主运动能力,可实现极窄路面的安全运动及定位导航。

沉管隧道沉降智能检测系统通过测量结果的历史数据比对、数据清洗,对于明显超出历史数据的测量数据自动报警,建议采用人工审核或在同一位置人工定点复核测量,并根据复核测量结果修正错误数据。

4) 基于无人搭载平台红外热像的隧道结构渗漏识别技术

隧道内渗漏水易引起衬砌混凝土风化、变形、腐蚀、剥落,接头、附属结构病害等情况。因此,为保证隧道工程正常运行,需要定期开展渗漏水病害巡检,及时发现病害并对其进行评估和追踪监测。

目前,以港珠澳大桥海底隧道为代表的长距离沉管隧道,其内部渗漏水病害检查仍主要以人工目视巡检为主。人工目视巡检存在着人力成本高、工作效率低、易错漏检等不足,尤其是在排烟道这类长距离封闭空间内巡检,还存在人员安全风险。而视觉识别法、激光扫描法、地质雷达法等受制于成像质量不稳定、铺设成本高等缺点,不适用于大多数隧道内工程。红外热成像法检测渗漏水具有响应速度快、测量范围宽、无需辐射源、不受光线环境影响、非接触式不损害被测对象等显著优点,且相应设备模块易于搭载在载具上,测量原理简单可靠、测量结果直观,在部分维养工程中已经实现了应用。

为此,结合港珠澳大桥沉管隧道工程实际需求,有必要开展基于无人搭载平台红外热像的渗漏水智能感知系统研究,通过无人化、智能化巡检消除人工巡检存在的安全风险,提高检测数据覆盖率和准确性,提升巡检时效性;通过研发渗漏水病害识别算法,对测量的图像数据进行分析,比较不同时期目标形态信息,统计出渗漏水病害演变数据,为维养决策提供依据。

(1) 沉管隧道内渗漏水智能感知技术方法。

沉管隧道内渗漏水智能感知技术基于红外热像识别、病害特征提取算法以及病害定位软件系统,利用远距离非接触式检测技术、工业电荷耦合器件(CCD)相机阵列、红外热波成像等多传感器形成多因素耦合检测系统及病害自主识别系统。由于渗漏水位置和基底之间比热不同,导致红外辐射温度不同,可根据史蒂夫波兹曼定律给出的黑体辐射能量与温度的关系。通过检测 $8 \sim 15 um$ 红外区域的红外能量,可从热图像中判断出渗漏水区域信息和渗漏水状态,并利用工业高清相机获取可供识别的图像,如图 3.2-15 所示。

隧道结构渗漏病害的精准定位流程如图 3.2-16 所示。基于硬件检测结果,通过有限元稳态热分析,可根据渗漏水病害部位的红外辐射特征定量分析渗漏水隐患临界状态与特征。另外,利用算法建模,对传感器位置、传感器指向、机器人位置等独立空间坐标进行融合解算,整合为真实笛卡尔坐标系,通过坐标变换给出病害的真实物理位置,实现渗漏水病害图像及其时空信息一一对应,为后续的定期监测及修复决策提供依据。

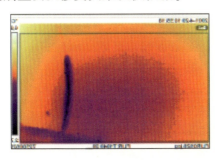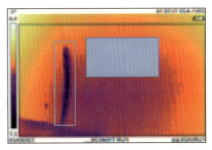

图 3.2-15　渗漏病害特征提取示意图

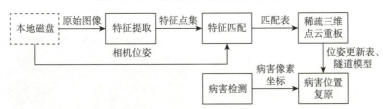

图 3.2-16　渗漏精准定位整体流程

(2)沉管隧道内渗漏水智能感知系统组成。

如图 3.2-17 所示,基于无人搭载平台的隧道内渗漏水智能感知系统由巡检机器人载具、采集设备构成,并由渗漏水智能感知控制软件驱动。由于沉管隧道内视场大、测距远、精度要求高,单一红外相机无法满足测量需求,因此采用多红外热成像仪阵列+图像拼接融合算法,保障隧道内壁巡检覆盖率不小于 90%,如图 3.2-18 所示。

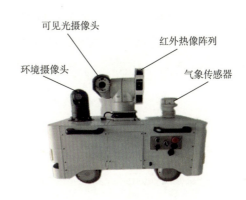

a)巡检机器人载具　　　　　　b)采集设备

图 3.2-17　渗漏水智能感知装备组成

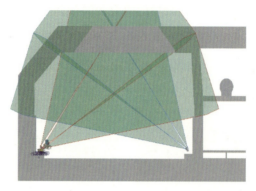

图 3.2-18　渗漏水病害智能感知系统覆盖示意图

直接采集得到的图像如图 3.2-19 所示,图中包含了时间、位置及渗漏面积等数据信息,可为损伤的识别和定位提供数据支撑。

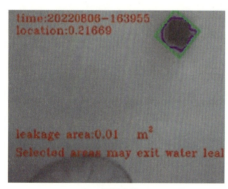
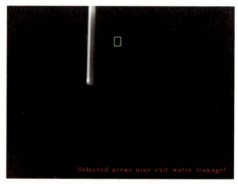

a) 渗漏定位　　　　　　　　　　　　　b) 渗漏点精确识别

图 3.2-19　系统生成的渗漏水病害检测结果

(3) 港珠澳大桥沉管隧道现场实施。

如图 3.2-20 所示,通过在隧道人行道及排烟道运行,沉管隧道内渗漏水智能感知系统能够在隧道内自主完成对侧壁及顶部预置病害模拟样块的识别,模拟样块尺寸为 10cm×10cm。构建大视场红外热像阵列,形成每组 3 条扫描带,通过往返检测,实现高覆盖率、高效率渗漏病害检测,覆盖范围可以达到约 110°,顶部及顶部附近墙壁覆盖率达到 90%。

在系统实施过程中,对渗漏算法多次迭代优化可消除其他热源成像对输出图像的影响,实现了远距离、多点渗漏的准确识别。如图 3.2-21 所示,选取港珠澳大桥沉管隧道内试验管节,通过预设模拟病害开展试验验证。结果表明,渗漏水病害检出率不小于 95%。

a) 人行道运行状况　　　　　　　　b) 排烟道运行状况

图 3.2-20　工程样机在隧道现场运行状况

图 3.2-21　渗漏水病害模拟

综上，沉管隧道内渗漏水智能感知系统利用红外热像阵列及机器学习算法实现对渗漏水病害的无人化及自动化检测，避免了人工检测带来的准度精度不高、误检漏检多的问题，为隧道维养提供及时、准确的病害信息，保证隧道安全运行。

3.3　沉管隧道机电设施服役信息感知

机电设施作为沉管隧道基础设施的重要组成部分，承担着安全保障、信息发布、数据交换等重要任务，是直接服务于车辆行驶的重要支撑系统。由于沉管隧道机电设施系统复杂、专业性强、维护量大、运行条件恶劣等原因，沉管隧道在运营过程中的故障、设备老化及损坏等问题频发，影响沉管隧道的正常运营。因此，对机电设施服役信息的感知同样是保障隧道系统长期安全服役的重要基础。

目前，国内外针对沉管隧道机电设施服役信息的感知大多依赖人工定期检测，存在较长的感知空白期。部分沉管隧道工程建立了机电设施监测系统，对关键设备状态进行重点管控,但由于机电设施的全天候工作特性,设施服役状态的劣化速率存在较大差异,失效事件的出现往往具有较强的随机性,这为隧道的运营安全带来隐患。因此,针对沉管隧道机电设施的智能化感知技术开展研究,为合理维养策略的制定提供依据,对沉管隧道安全、长期的运营维护具有重要意义。

3.3.1 机电设施常规感知手段

1)人工巡检

人工巡检是机电设施状态感知最易行且广泛应用的手段,以港珠澳大桥海底隧道为例,其巡检内容主要涵盖通风、照明、消防及配供电设施,重要检测内容如下。

(1)通风设施检测。

在隧道运营期间,为了有效排放隧道内的有害气体及烟尘,保证驾乘人员及洞内工作人员的身体健康,通常需要利用通风设施按一定的方式不断地向隧道内送入新鲜空气,此即隧道通风。通风设施在隧道中服役状况及运行质量是隧道运营安全的重要保障,其功能可靠性十分重要。

通风设施主要包含轴流风机和射流风机,主要检查内容包括风机的高度、风速、噪声、响应时间、可控性等。针对不同检测内容需要采用的检测方法也存在不同,主要包括目测、经纬仪、风速仪、声级仪等方式。

(2)照明设施检测。

在隧道运营期间,为了保证驾乘人员及洞内工作人员的视觉安全,需要利用照明设施按一定的亮度和均匀度不断地向隧道内照射光线。依据《公路工程质量检验评定标准 第二册 机电工程》(JTG 2182—2020)相关要求,照明设施主要检测内容包括照明条件下路面的平均亮度、显色指数、亮度总均匀度等指标以及控制机箱的工作情况。

(3)消防设施检测。

沉管隧道的封闭特性使其面临十分严峻的火灾风险。依据《公路工程质量检验评定标准 第二册 机电工程》(JTG 2182—2020)相关要求,通过现场测试对消防设施进行功能验证,检测内容包括消防水池、消防栓、防火卷帘、火灾探测器等设施是否正常运转。

(4)供配电设施检测。

供配电设施是驱动沉管隧道内机电设施正常运行的基础。依据《公路工程质量检验评定标准 第二册 机电工程》(JTG 2182—2020)相关要求,隧道供配电设施涉及检测内容繁多,主要包含各类机电设施电源、电箱、电缆的布设、运行及绝缘、防腐等情况。

2)机电设施状态监测系统

围绕关键机电设施的服役状态管控,港珠澳大桥海底隧道构建了一套机电设施状态监测系统。其子系统较多且信息规模极大,为有效平衡服务器接入负载合理,保障可靠运行,需要对接口系统接入负荷进行分配。子系统包含通风设施、给排水设施、交通信号设施、消防设施、车牌识别、视频监控、电力控制及照明控制、紧急电话、公共广播、火灾报警监测等。总体的路由接入如图3.3-1所示。

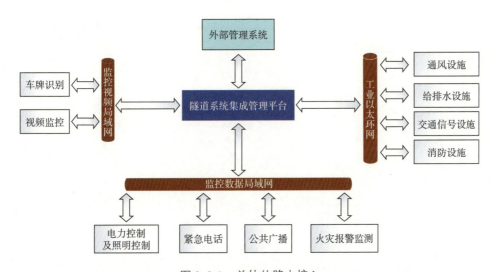

图3.3-1 总体的路由接入

沉管隧道机电设施状态监测系统是一个多源数据融合智能评估的系统,包含了基础数据采集、分析以及机电设施状态评估等功能。结合各数据采集传感器中的数据,评估机电设施状态及可靠性,在沉管隧道突发事件下或设施出现严重劣化与故障时发布预警信息,为沉管隧道日常管理、维养以及安全运营提供数据决策依据。根据机电设施状态监测流程,可以将机电设施状态监测系统分为数据采集、数据处理以及数据控制三个模块,其内容如图3.3-2所示。

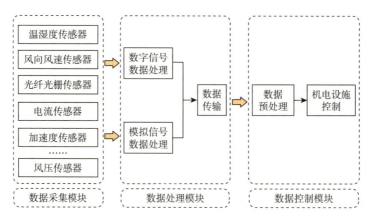

图 3.3-2　机电设施状态监测系统模块

（1）数据采集模块。

采集模块主要由温湿度、风向、风速、温度、电流、加速度等传感器组成，通过对各类机电设施周边的多种物理量进行采集，从而服务于后续机电设施状态的识别。

采集模块所针对的采集对象主要包括照明设施、通风设施、供配电设施、消防设施、给排水设施、监控设施以及通信设施，其主要的检测项目见表3.3-1。

主要检测项目　　　　　　　　　表3.3-1

序号	监测设施	监测项目	监测内容
1	通风设施	轴流风机	监测轴流风机的不同位置的振动、温度、电流、电压、功率等参数
		射流风机	监测射流风机的电流、电压、功率、正反转以及累计运行时间等参数
2	照明设施	LED 灯具	监测 LED 灯具的电流、电压以及亮度、照度参数
3	供配电设施	电器柜	监测开关柜的状态、各器件的供电状况及运行状态
		变压器	监测变压器工作状态信息、预警信息等
		应急电源	监测应急电源电流、电压以及工作状态
4	消防设施	消防泵阀	监测消防水泵工作状态
5	给排水设施	排水泵阀	监测排水泵工作状态
		水位计	监测水池液位
6	监控及通信设施	传输网络	监测各系统联网状态
		传输设备	监测各系统联网、供电状态
……	……	……	……

(2)数据处理模块。

沉管隧道机电设施由于采集信号的不同,数据处理可分为模拟信号数据的处理与数字信号的处理两类。

①模拟信号处理:沉管隧道机电设施中,环境气象监测传感器、振动传感器以及温度传感器等设备输出模拟信号,信号不易分析使用,需要将其转化为数字信号以便分析。

②数字信号处理:沉管隧道机电设施通过设施联网来进行数字信号的采集,使用数据采集系统模拟信号的放大、滤波、转换、压缩以及发送。随着计算机技术的发展,大部分机电设施智能化水平较高,系统可通过PLC对其进行控制,并通过控制信号的反馈,监控机电设施是否运行正常。

处理模块重点对表3.3-1中各类设施的下列状态进行识别:

①机电设施启停、故障状态;

②机电设施电气指标状况(电流、电压、功率等);

③机电设施控制信号状况(开关开合、风机正转反转等);

④关键机电设施影响参数(风机振动、温度、照明亮度等)。

(3)数据控制模块。

沉管隧道机电设施数据处理与控制模块的主要功能是根据处理得到的机电设施状态,对机电设施进行自适应控制及辅助养修决策。

3.3.2 机电设施运营状态智能巡检

由上述介绍可以看出,传统以人工、定点检/监测为主的机电设施运营信息感知手段,尽管能够一定程度上把握机电设施在特定时段、特定位置的服役状态,但仍存在较为明显的检/监测空白。对于港珠澳大桥海底隧道这样的超级工程,其机电设施运营状态的管控尤为重要。为此,研发人员结合智能巡检系统,建立了面向广域、在线感知需求的沉管隧道排烟系统状态识别方法。

1)机电设施智能巡检系统

目前沉管隧道机电设施智能巡检形式分为两种,一种是通过无线射频识别技术,在各机电设施上安装电子信息采集源,以人工巡检终端为主上传机电设施巡检数据,管理中心通过上传数据的统计分析对机电设施状态进行检查;另一种是通过在轨式或移动式机器人上搭载的各类传感设施,实时获取隧道内机电设施信息,应用数据分析与图像处理技术,对隧道内机电设施状态进行检查。

(1) 系统设计。

机电设施智能巡检系统一般采用无线射频识别、通信、电子集成等技术,通过移动计算机终端来实现工作任务分解、刷卡签到、记录上传数据、管理报表等功能。根据高速公路机电巡检工作计划,需要在关键位置安装电子信息采集源。巡检人员通过使用巡检管理软件制订计划时间与巡检路线,以任务下发的形式将任务与巡检单元和巡检系统关联,巡检人员根据既定计划开展相关巡检工作。在巡检过程中,巡检人员到达隧道巡检区域,并对机电设施状态进行检查,通过扫描机电设施电子信息采集源,采用掌上终端对机电设施状态信息进行上传,巡查内容以及数据应及时地向系统服务器进行传递,系统管理人员可根据回传数据对机电设施状态进行统计、评估。

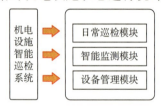

图 3.3-3　机电设施巡检系统结构

机电设施智能巡检系统可以划分为日常巡检、智能监测以及设备管理等三大功能模块,其结构如图 3.3-3 所示。

①日常巡检模块。

将巡检工作内容数据化,利用计算机进行模拟运算,配合标准的三层浏览器端/服务器端(B/S)和客户端/服务端(C/S)数据结构、计算机应用程序,形成智能化的巡检工作程序,避免漏检、不检、少检、记录不清、检查时间不足、检查数量不足等问题出现,有效杜绝过去巡检工作中由于人为因素而导致的巡检工作不扎实问题,实现巡检工作规范化执行、标准化落实、科学化管理。

②智能监测模块。

利用对机电设备的自动检测功能,协助解决沉管隧道设备距离远、气候恶劣或环境不宜等问题,同时对相关设备的运行状况进行实时监测,并对异常情况进行报警,有效提高机电设备的故障预警效率和修复时间。该模块还可通过继电器传感检测方式检测发电机的运行状态,通过温湿度传感器来检测机房的温湿度,对出现的异常情况可以进行预警报警。

③设备管理模块。

设备管理模块主要是为智能巡检系统与机电设备的连接融合提供接口,同时预留其他模式的接口,实现机电设备管理工作各类数据资源的共享。沉管隧道机电智能巡检系统通过标准统一的信息采集器实现数据的传输共享,并与管理系统进行对接,促进沉管隧道信息资源的无缝融合,使隧道高效运行。

(2)智能巡检机器人。

在系统设计基础上,建立了适用于沉管隧道的智能化巡检机器人装备。将该装备作为隧道病害检测的作业平台,融合病害检测智能应用层自动化系统,实现了机器人平台的自动巡航检测的协同控制。智能巡检机器人利用装备、通过指挥车集中调度部署,借助5G高带宽低延时的优势,识别隧道排烟阀状态、提取信息,实现对隧道排烟阀状态的精确快速检测和评估。

2)沉管隧道排烟阀运行状态识别

根据沉管隧道排烟阀的形状以及视场条件,等比例定制排烟阀阀门,并设置不同的阀门状态,如图3.3-4所示。

图3.3-4 排烟阀状态模拟

检测排烟阀开启情况,利用结构光发出光线,配合可见光相机进行拍摄。当排烟阀关闭时,结构光照射不会产生弯曲;而排烟阀开启时,由于叶片打开,结构光会产生弯曲。得到图像后可对图像进行高斯滤波,随后将彩色图片转换成灰度图,利用坎尼(Canny)算子对其进行边缘提取,观察线是否连续等,可以检测出排烟阀的开启情况。具体流程如图 3.3-5 所示。

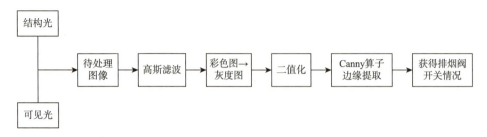

图 3.3-5 排烟阀识别流程

利用室内试验测试相关算法的识别率。识别率定义为阀门状态准确检出的数量与总测试数量的比值。排烟阀开启与关闭识别结果如图 3.3-6 与图 3.3-7 所示。在测试场条件下试验，共计测试 100 组，准确识别出 95 个阀门状态，识别率 95%，达到现场应用要求。目前相关技术正结合港珠澳大桥海底隧道进行应用示范研究。

图 3.3-6 排烟阀开启识别结果

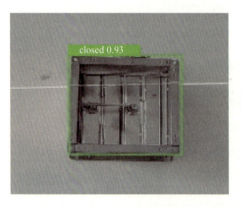 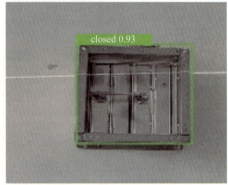

图 3.3-7 排烟阀关闭识别结果

3.4 本章小结

围绕沉管隧道综合感知需求,本章重点介绍了沉管隧道外部服役环境、结构与机电服役信息感知方面的成套技术。主要结论如下:

(1)沉管隧道外部服役环境感知方面:在港珠澳大桥海底隧道的工程背景下,针对既有海洋地形地层探测手段数据回溯性差、标准化程度低、结果应用低效等问题,提出了无人船搭载的多波束水下探深系统,开展了固定扫测路径下沉管隧道外部回填层高度、冲淤情况的周期巡检;针对复杂服役条件下跨海集群设施的海洋动力环境感知盲区问题,通过人工岛及航道桥平台设置监测站,实现了对海洋动力环境的实时在线感知,并积累了台风"海高斯""苏拉"等极端条件下的海洋环境数据。通过对地层地形及海洋动力的直接感知,结合沉管隧道数字化离散模型,能够实现长期服役过程中隧道周边服役环境的高效可视化管控及自动化分析应用,为沉管隧道服役环境的关联分析、长时预测及结构系统服役性能演化规律研究提供了重要的数据支撑。

(2)沉管隧道土建结构服役信息感知方面:结合港珠澳大桥海底隧道,系统介绍了沉管隧道土建结构人工巡检及健康监测的方法及内容。针对既有沉管隧道感知体系检测功能单一、实施过程烦琐、系统智能化集成度低等问题,研发了基于机器视觉的沉管隧道接头相对变形测试方法,提升了管节接头关键部位的变形状态检测精度及效率;研发了基于串联柔性相机网络测量技术的沉管隧道沉降变形监测方法,通过多相机阵列的柔性串联,实现了长大隧道结构沉降变形的精细化、广域实时感知;研发了基于无人搭载平台红外成像的隧道渗漏水识别技术,通过智能巡检机器人实现了广域范围内隧道典型渗漏病害的准确识别与定位;研发了基于无人搭载平台的沉管隧道沉降智能检测技术,通过智能巡检机器人搭载全站仪,结合惯性导航系统及卡尔曼滤波算法等,实现了隧道内受限条件下结构变形的自适应、精细化巡检。

(3)沉管隧道机电设施服役信息感知方面:结合港珠澳大桥海底隧道,系统介绍了沉管隧道机电设施人工巡检及长期监测的方法及内容。针对人工、定点检/监测带来的时空感知盲区,结合视频感知及智能巡检机器人,研发了沉管隧道机电设施巡检技术,并结合港珠澳大桥沉管隧道对排烟阀自动巡检系统装备开展了应用研究。

CHAPTER 4 | 第 4 章

基于模型试验的沉管隧道服役行为及病损机理研究

沉管隧道服役状态的精细化、智能化管控是系统性工程，必须明确复杂服役条件下隧道结构及机电设施的服役行为及病损机理，从而指导现场感知方案设计以及综合服役状态评估的实施。

目前，针对沉管隧道服役行为的研究大多基于仿真理论进行分析，并在沉管隧道整体静、动力学行为规律方面取得了较好的研究效果。无论是针对结构受力、变形分布或是结构劣化规律的分析，其可靠性均取决于机理模型对所关注力学行为描述的准确性。一方面，既有研究往往通过统计手段来获取结构所承受的代表性荷载条件，并服务于典型荷载模式下同类结构的共性服役行为分析。另一方面，机理模型的建立通常依赖于一定的先验假设，而实际结构在建造及运维过程中包含着众多随机性因素。因此，针对沉管隧道结构病损机理的理论仿真分析普遍面临着"仿而不真"的问题。

由此可见，由于试验与分析手段的不足，沉管隧道在长期服役过程中的行为机制与演化机理难以揭示。为此，本章基于相似准则，构建沉管隧道结构多物理场模拟试验平台，开展典型服役条件下沉管隧道组合结构变形模型试验、接头止水带长期服役性能模型试验等，确定沉管隧道管节接头的典型变形模式，并从中总结出管节接头的敏感部位与指标；并以行车安全指标为依据，结合实尺模型隧道内照明系统试验，对沉管隧道照明灯具失效机制进行系统研究，明确失效条件下灯具服役特征及对行车安全的影响效应，从而总结出照明设施的服役风险要素。

4.1 接头组合结构力学特征模型试验研究

结合模型试验手段，研究沉管隧道接头组合结构在服役过程中受力、变形响应特征，明确其力学性能敏感指标及部位，从而为沉管隧道服役状态的系统评定提供支撑。

4.1.1 实尺沉管隧道-缩尺试验模型相似方法

在相似准则基础上，构建包含管节及接头的沉管隧道缩尺模型。以下分别从相似比确定、材料选型及模型试制角度，对缩尺模型组成结构进行介绍。

1) 相似比确定

在试验模型与原型结构的物理力学性能相似方法中,需要考虑几何尺寸、应力应变关系、质量和重力、初始条件和边界条件等四个方面的相似关系。几何尺寸相似可通过按固定比例缩小原型尺寸实现;试验模型制作工艺存在差异、养护要求高,且与实际工程所处环境不同,很难与原型结构的应力应变关系、初始条件和边界条件相似,但对于不同的研究目的可以灵活选择。根据不同的试验目的,可以选择满足质量相似、重力相似或质量-重力相似的关系。

通过结构动力模型试验的量纲分析,结合弹性相似律、重力相似律及弹性力重力相似律,采用合适的模型相似比。

如图4.1-1所示,港珠澳大桥沉管隧道管节尺寸为180m×37.95m×11.41m,结合水下试验室试验水池尺寸,同时考虑沉管隧道沉降模拟平台改造成本,确定的模型试验沉管管节几何比尺 λ_l 为1:10。因此缩尺试验模型横截面尺寸确定为3.8m×1.14m,沉管隧道单个管节纵向长度确定为4.5m,见图4.1-2及图4.1-3。

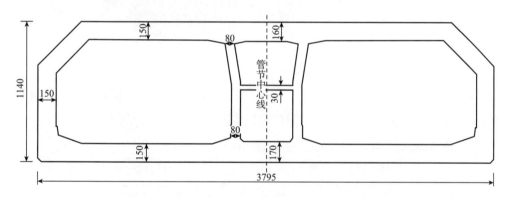

图4.1-1 港珠澳沉管隧道断面图(尺寸单位:cm)

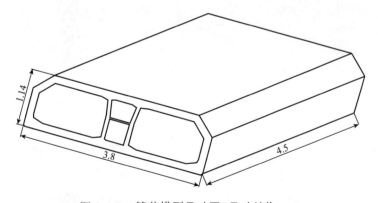

图4.1-2 管节模型尺寸图(尺寸单位:m)

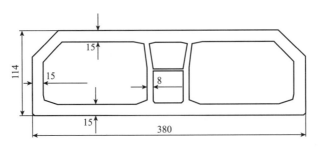

图 4.1-3 管节模型横截面尺寸(尺寸单位:cm)

在此基础上,根据相似理论推算得到的其他相关物理量如位移、时间、应力的相似关系,见表 4.1-1。

管节结构比尺确定 表 4.1-1

相似条件	计算关系	取值	相似条件	计算关系	取值
几何比尺	$\lambda_l = l_p / l_m$	10	加速度比尺	$\lambda_a = 1$	1
密度比尺	$\lambda_\rho = 1$	1	重力加速度比尺	$\lambda_g = 1$	1
应力比尺	$\lambda_\sigma = \lambda_E$	10	弹性模量比尺	$\lambda_E = \lambda_l \lambda_\rho$	10
变形比尺	$\lambda_u = \lambda_l$	10	质量比尺	$\lambda_m = \lambda_\rho \lambda_l^3$	1000
速度比尺	$\lambda_v = \lambda_l^{1/2}$	$\sqrt{10}$	时间比尺	$\lambda_t = \lambda_l^{1/2}$	$\sqrt{10}$

2)材料选型

本试验主要研究管节结构在地基沉降作用下的应力应变状态,试验过程中对变形相似度要求更高,因此相似材料选用以弹性模量相似为主。

实体混凝土材料参数取值如表 4.1-2 所示。

港珠澳大桥沉管隧道工程实体混凝土材料物理力学性能参数表 表 4.1-2

混凝土标准立方体抗压强度 $f_{cu,K}$ (MPa)	抗拉强度标准值 $f_{t,K}$ (MPa)	抗压强度标准值 $f_{c,K}$ (MPa)	抗拉强度设计值 $f_{t,d}$ (MPa)	抗压强度设计值 $f_{c,d}$ (MPa)	弹性模量 E_c (GPa)	泊松比 μ	混凝土热膨胀系数 α_c (℃$^{-1}$)
C50	2.65	32.4	1.83	22.4	34.5	0.2	1×10^{-5}

通过相似比尺换算可以得到相似材料主要参数,见表 4.1-3。

管节结构相似材料参数 表 4.1-3

材料类型	断面尺寸(m×m)	弹性模量(GPa)	重度(kN/m³)
原型材料	37.95×11.41	34.5	25
相似材料	3.8×1.14	3.45	15

通过对相似材料进行调研,以砂为集料、石膏为主要胶结材料来模拟岩石的方法在国内得到了广泛使用。因此,本次试验管节结构拟采用砂为集料、石膏为主要胶结材料来模拟混凝土结构,如图4.1-4所示。

图4.1-4　相似材料配置试验

沉管隧道GINA止水带采用线切割的方式进行加工,采购满足试验所需的橡胶材料并采用切割机进行切割成型,切割精度±0.02mm。根据模型试验,沉管管节止水带的变形量比尺λ_u为1∶10,相似材料选用GINA止水带原型材料,见图4.1-5。

图4.1-5　GINA止水带模型制作

该沉管隧道工程施工图设计资料显示,沉管隧道管节之间的GINA止水带初始压缩后的平均高度为216~240mm。根据相似准则,沉管隧道管节结构模型试验中GINA止水带模型变形量为原型变形量的1/10,计算得到GINA止水带模型初始压缩后的平均高度为23mm。模型试验过程中,GINA止水带模型承受压力可通过预应力锚索拉紧两个模型管节来模拟,挤压管节之间的GINA止水带,使止水带产生相应变形即可。管节结构预应力锚索加载示意图如图4.1-6所示。

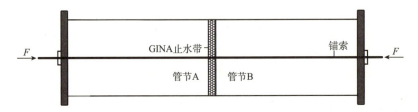

图 4.1-6 管节结构预应力锚索加载示意图

3) 模型试制

根据模型试验相似准则,完成模型试制。模型管节拼装在水下隧道试验室内完成。模型管节通过脚手架构建预制模型,采用相似材料现浇成型。模型管节成形经养护达到试验要求后,吊装至试验平台开展模型试验。试制现场如图 4.1-7 所示。

图 4.1-7 模型试制现场

4.1.2 沉管隧道组合结构变形模型试验方法

通过对一处水下隧道试验系统进行改造,结合上述沉管隧道比尺模型试验系统,开展沉管隧道结构变形试验,研究典型结构变形行为下管节接头力学行为模式及病损发生机理。以下对试验条件及方案设计进行介绍。

1) 试验条件

如图 4.1-8 所示,在试验水池内根据实际条件设置边界条件以及沉管隧道模型,利用造波、造流设备产生不同的流场环境,模拟真实的复杂水文环境;利用先进的数据采集设备测试隧道结构体系在典型变形模式下的力学响应,从而明确沉管隧道受力、变形的敏感部位及表征。

图 4.1-8　水下隧道试验室全貌

模型试验平台由操作控制系统、运动执行元件、四边形骨架以及底座、左右支撑结构等部件构成。整体控制系统示意如图 4.1-9 所示。

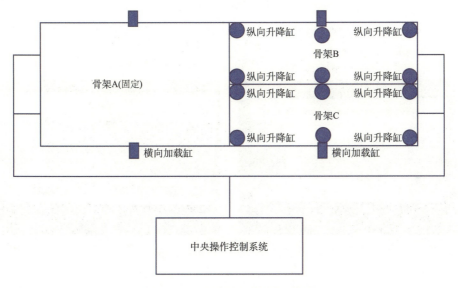

图 4.1-9　整体系统控制示意图

系统的具体构成和功能如下：

(1) 平台长度 9m,宽 4m。

(2) 平台总承重 72t。

(3) 平台底部为整体结构,每块结构之间需固定连接。

(4) 平台由 3 块骨架拼成,其中一块为 4.5m×4m 的固定结构,另两块骨架均为 4.5m×2m 的升降活动结构。这两件活动骨架均由 6 个升降缸支撑,实现上下竖直运动。

(5)平台左右有支撑结构,其中,一侧为2个横向加载缸,另一侧为支撑机构,皆固定在龙门架上。

(6)共12个纵向升降缸控制平台上下竖直运动,位移精度0.1mm,行程100mm,可实现2个活动骨架水平姿态的同步升降运动、倾斜姿态的升降运动,或单个骨架的升降运动。

(7)平台左右加载共2个横向加载缸,位移精度0.1mm,行程100mm。

(8)由于本模型试验平台具有拆卸、安装简单的特点,在不使用时可以拆除,故构件的设计必须考虑安装、拆卸的便捷性,单件的结构重量要轻,外形要小,方便转运。

本模型试验平台系统采用电控驱动来实现整体平台的竖向升降和横向加载驱动控制,其自动化中央集成控制系统如图4.1-10所示。通过中央集成控制系统可实现每根电缸的独立控制、组对平台控制等控制形式,满足平台模拟试验的各工况需求。

图4.1-10 自动化中央集成控制系统

2)试验方法及工况设计

(1)加载方法。

模型试验充分利用水下隧道试验室既有的造波、造流功能,开展复杂环境下沉管隧道主体结构服役性能模型试验。在试验水池中增建一个具有模拟沉管隧道地基沉降功能的模型试验平台,平台放置于水池中心位置(图4.1-11和图4.1-12)。模型试验过程中,图4.1-11中的管节B保持不动,通过升高管节A来模拟管节B产生的相对沉降变形。通过外部限位器对管节B进行限制,以保证管节B不会随着管节A同时升高。

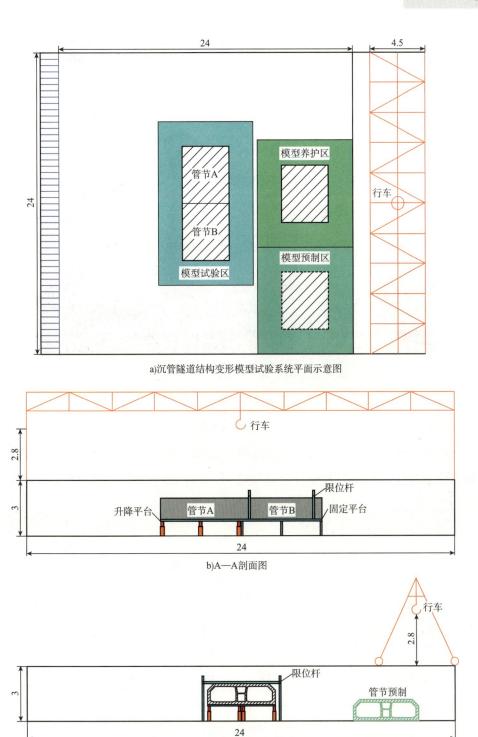

图 4.1-11 沉管隧道结构变形模型试验系统结构示意图(尺寸单位:m)

图 4.1-12　沉管隧道结构变形模型试验系统现实场景图

（2）测试方法。

①管节接头差异变形与止水带变形形态监测。

试验过程中通过接头三维变形监测获得接头止水带的空间变形形态，测点均匀地布置在管节接头表面的关键位置，共设置 22 个测点，见图 4.1-13。其中外部测点依次命名为 DW，内部测点根据位置命名为 DN、DZ 及 DD，监测传感器采用表面三向位移计进行监测。

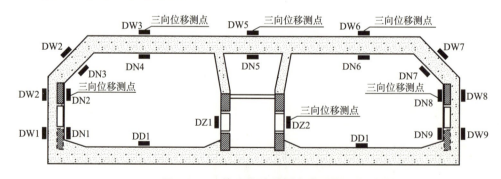

图 4.1-13　接头位移监测点布置图

②接头剪力键剪应变监测。

竖向剪力键以承受竖向剪力为主，剪力键根部以剪应力为主，自由端以拉、压应力为主，因此采用三向应变花进行剪力键根部主应力与剪应力测试，采用双向应变花进行剪力键自由端主应力测试。试验将竖向剪力键分为 A、B、C、D 四组,分别进行编号,各组剪力键根部测点与自由端测点分类编号。其中根部测点编号为 A1～A9、B1～B9、C1～C9、D1～D9,自由端测点编号为 AA1～AA6、BB1～BB6、CC1～CC6、DD1～DD6。竖向剪力键应变测点位置见图 4.1-14,测点编号见图 4.1-15。

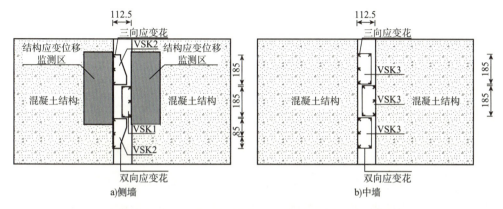

图 4.1-14　应变测点(测区)布置图(尺寸单位:mm)

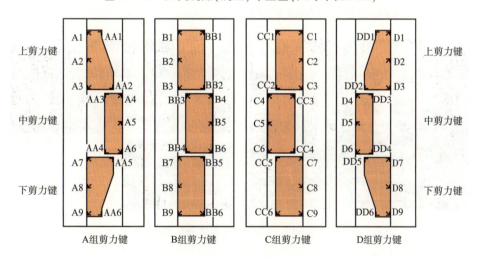

图 4.1-15　竖向剪力键应变测点编号

③结构力学性能影响范围监测。

为了解管节接头差异变形影响范围及其变化规律,沿管节纵向通过摄影测量技术实时动态观测结构表面的位移与应变状态、分布规律及动态、变化规律。测量方法如图 4.1-16 所示,应变分布测量部位为垂直于结构位移方向的结构表面,即当管节上下错动时,通过摄影测量观测管节顶面;当管节横向错动时,通过摄影测量对结构侧面进行观测。

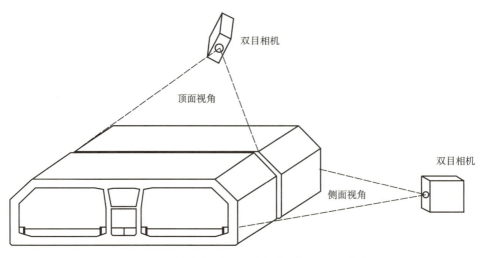

图 4.1-16　结构力学性能影响范围摄影测量方法

测量仪器采用三维全场应变测量系统,三维全场应变测量分析系统结合数字图像相关技术(DIC)与双目立体视觉技术,通过追踪物体表面的散斑图像,实现变形过程中物体表面的 3D 全场应变测量,包括三维坐标测量、位移场测量及应变场测量。摄影测量系统测试效果见图 4.1-17。

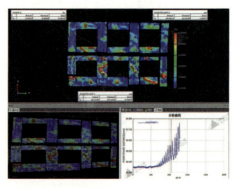

图 4.1-17　摄影测量系统测试效果

(3)工况设计。

沉管隧道在长期运行过程中所处的环境不断变化,往往遭受隧道基底潜蚀掏空、顶部不均匀回淤、沉船撞击、地震等不良作用,引起隧道结构出现不均匀的横向或竖向变形。由于管节接头为柔性结构,管节与管节之间难以协同变形,进而导致接头容易出现差异变形。常见的管节接头的差异变形主要有拉伸、压缩、弯曲、剪切、扭转 5 种,归纳总结 5 种接头变形作用及其可能形成的原因,见表 4.1-4。

接头变形作用概化及其成因　　　　　　　　　　表 4.1-4

接头变形作用分类		接头变形作用示意图	产生原因
拉伸	轴向拉伸		温度变化
压缩	轴向压缩		温度变化
弯曲	竖向弯曲		不均匀回淤或不均匀沉降
弯曲	横向弯曲		地震或沉船撞击
剪切	竖向剪切		不均匀回淤或不均匀沉降
剪切	横向剪切		地震或沉船撞击
扭转	横向扭转		不均匀回淤或不均匀沉降

试验研究依托港珠澳大桥沉管隧道开展，根据设计资料，港珠澳大桥沉管隧道沉管段由33个管节组成，其中每一个标准管节由8个22.5m的混凝土节段串联而成，节段间通过混凝土剪力键连接。为确保管节结构的整体性，8个节段通过预应力锚索连成一个整体。经计算分析，除接头附近的1个节段受接头变形影响较大，其余节段受接头变形影响均较小。因此综合考虑边界效应及试验条件，本次试验取2个节段组成1个管节，共设计2个管节。

考虑隧道运营期的管节接头止水带处于压缩状态，具有一个初始压缩量。为实现管节接头GINA止水带的初始压缩，本次试验采用预应力锚索在模型的两端进行张拉，还原GINA止水带的初始压缩，进而实现管节结构及初始状态的模拟。设计方案详见图4.1-18。

图4.1-18　管节拼装组合设计方案

试验设计采用其中一个管节固定不动、另一个管节运动来模拟管节接头不同的变形作用。研究主要考虑沉管隧道管节接头在不均匀回淤或不均匀沉降作用下变形与力学响应特征，取沉管隧道管节接头的竖向弯曲、竖向剪切以及横向扭转作为主要的研究对象，试验工况如表4.1-5所示。

试验工况　　　　　　　　　　　　　　　表4.1-5

接头变形作用	试验工况设置	工况简图	最大值/间隔
竖向弯曲	正弯曲		0.5°/0.05°
	负弯曲		0.5°/0.05

续上表

接头变形作用	试验工况设置	工况简图	最大值/间隔
竖向剪切	正剪切	不动管节 / 运动管节 / 基准面	10mm/1mm
竖向剪切	负剪切	不动管节 / 运动管节 / 基准面	10mm/1mm
横向扭转	正扭转	不动管节 / 运动管节 / 基准面	0.35°/0.035°
横向扭转	负扭转	不动管节 / 运动管节 / 基准面	0.35°/0.035°
剪弯组合	正弯剪	不动管节 / 运动管节 / 基准面	0.5°/0.05°
剪弯组合	负弯剪	不动管节 / 运动管节 / 基准面 / 纵向负转动(绕后轴)	剪:10mm/1mm 弯:0.5°/0.05°

续上表

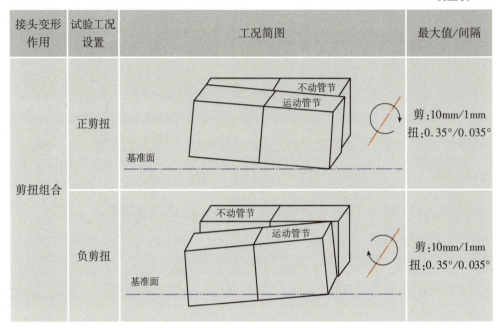

注：表中以运动管节顺时针的转动或上升为正，以运动管节逆时针的转动或下降为负。

4.1.3 典型变形下管节接头力学响应特征分析

结合上述缩尺模型，开展沉管隧道组合结构变形模型试验。以下展示了正向剪切、正向弯曲、横向扭转典型变形行为下沉管隧道管节接头组合结构的力学响应特征。

1）正向剪切作用下接头结构响应特征

针对管节之间的正向剪切作用，重点测试了不同荷载条件下管节接头变形、剪力键受力及接头部位混凝土的应变分布情况。以管节接头变形为例，分别计算沉管隧道模型接头部位内、外侧所有位移计读数的平均值，绘制接头整体的三向变形位移曲线如图4.1-19所示。

图4.1-19中，X、Y、Z方向分别对应接头截面的横向、纵向及法向。可以看出，管节内、外侧的三向变形趋势基本相同。其中，管节接头在X和Z方向的变形均较小，在正向剪切作用达10mm时，管节接头的平均X方向变形维持在0mm左右，Z方向变形仅有0.28mm左右；而Y方向变形随着正向剪切的发展呈同步变化趋势。

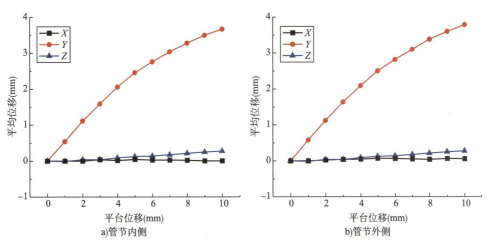

图 4.1-19 管节接头三向平均位移

此外,提取代表位置的剪力键应力及锚固区应变分布,如图 4.1-20 所示。

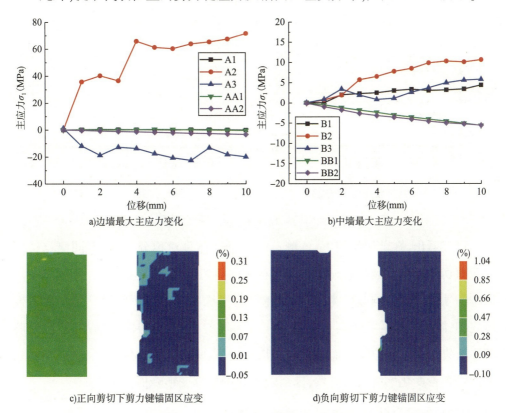

图 4.1-20 代表位置结构受力、变形情况

进一步横向对比管节接头不同位置在剪切工况下的张合量分布特征,如图 4.1-21 所示。

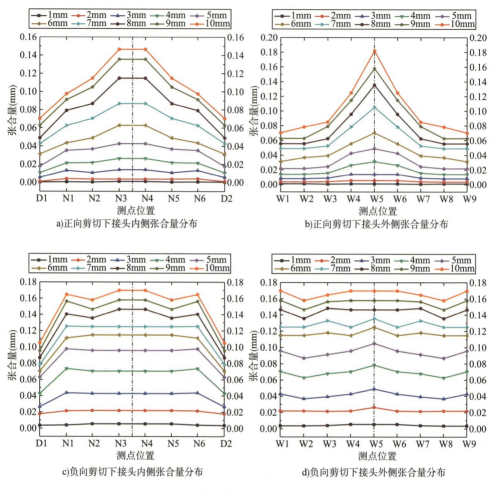

图 4.1-21 竖向剪切作用下各测点张合量分布特征

可以看出,在剪切作用下,各测点张合量整体呈对称分布,且不同测点位置对于剪切变形的发展具有显著差异。在正向剪切作用下,接头内、外侧测点中均以中间顶部测点的响应最为显著,而越靠近边缘的响应越不明显。且在剪切发展之初,除边缘外的各测点张合量变化较为均匀,随着剪切作用的加强,变形峰值逐渐集中在中间位置。而在负向剪切作用下,除边缘测点外,其余测点在剪切下的张合量变化始终较为一致,未出现明显的局部变形峰值。

2) 正向弯曲作用下接头结构响应特征

提取不同正向弯曲荷载作用下各结构的受力、变形情况,并横向对比张合量发展规律,部分典型测试结果如图4.1-22所示。

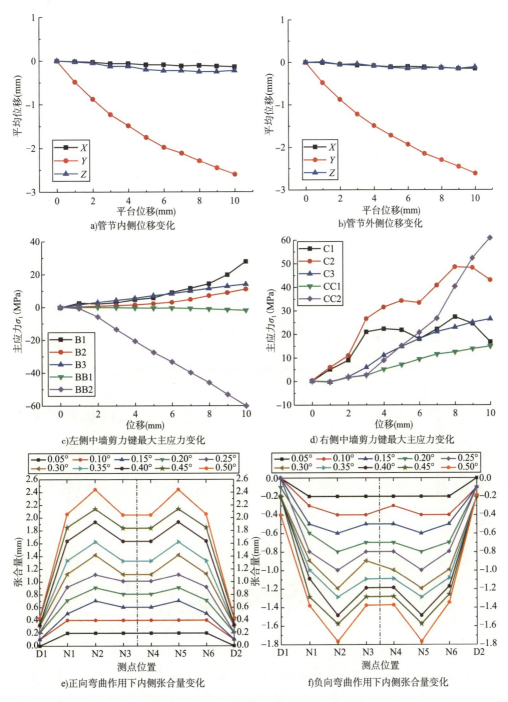

图 4.1-22 正向弯曲作用下结构响应情况

3）横向扭转作用下接头结构响应特征

提取不同横向扭转荷载作用下各结构的受力、变形情况，并横向对比张合量发展规律,部分典型测试结果如图 4.1-23 所示。

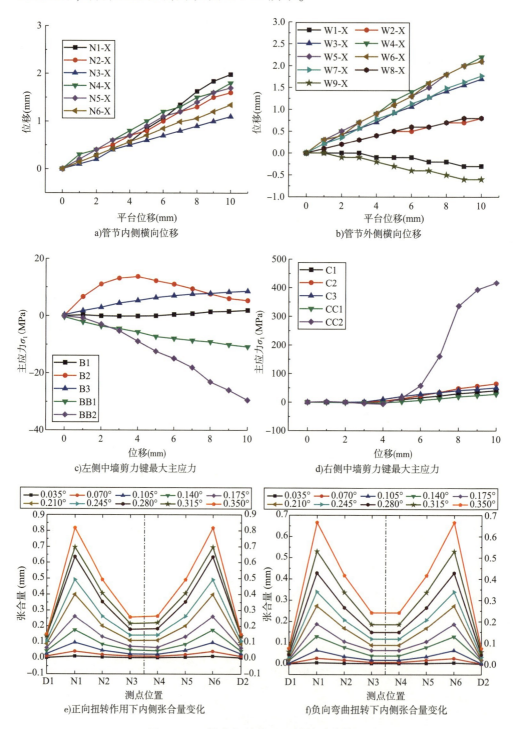

图 4.1-23　横向扭转作用下结构响应情况

4)典型变形下管节接头敏感部位分析

为进一步对比与分析特定测点对不同工况下的敏感程度,研究接头不同变形作用对接头张合的影响及各测点张合变形的敏感性,提取管节接头各种变形作用下各测点张合量的最大值,绘制管节不同接头变形作用下接头最大张合量分布雷达图(图4.1-24)与分布直方图(图4.1-25)。可以看出,管节接头剪弯组合作用引起的接头张合量最大,竖向弯曲作用引起的张合量次之,竖向剪切作用引起的接头张合量最小。不同变形作用对接头张合的影响能力由大到小依次为剪弯组合 > 竖向弯曲 > 横向扭转 > 剪扭组合 > 竖向剪切,其中剪弯组合与竖向弯曲张合变形相当,剪扭组合与横向扭转整合变形相当,即由于剪切作用引起的接头张合附加值较小。综上,管节接头弯曲引起的接头张合明显大于剪切作用引起的接头张合,由于接头竖向正弯曲(向上弯曲)主要引起接头张开,接头竖向负弯曲(向下弯曲)主要引起接头压缩,压缩量略小于张开量,因此隧道运营过程中应重点关注接头各种形式的向上弯曲。

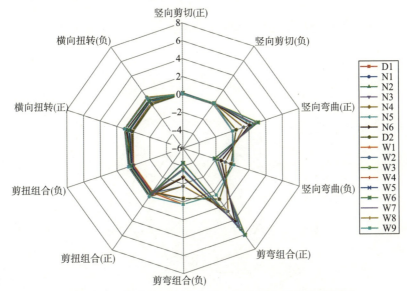

图4.1-24 接头不同变形作用下最大张合量分布雷达图

此外,进一步观察同种变形模式下不同位置的敏感程度,绘制不同测点接头最大张合量分布雷达图(图4.1-26)与分布直方图(图4.1-27)。可以看出,管节运动引起的接头内部张合量小于接头外侧的接头张合量,接头底部的张合量小于接头顶部的张合变形量,其中行车孔与中央管廊顶板中部各测点(外侧W3点、W4点、W5点、W6点、W7点与内侧N1点、N2点、N5点、N6点)的张合量较大。因此,运营期可对管节顶板部位的张合量进行重点监测,考虑测点布置的便利性,可优先选取行车孔与中央管廊顶板中部作为张合监测点。

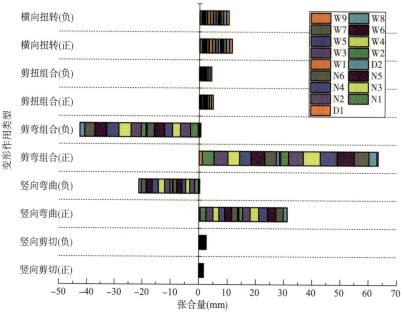

图 4.1-25　接头不同变形作用下最大张合量分布直方图

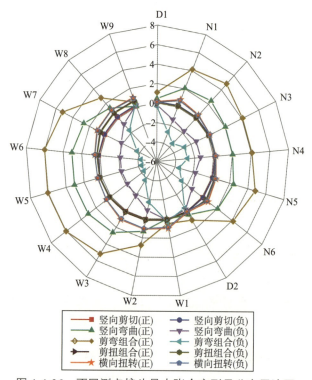

图 4.1-26　不同测点接头最大张合变形量分布雷达图

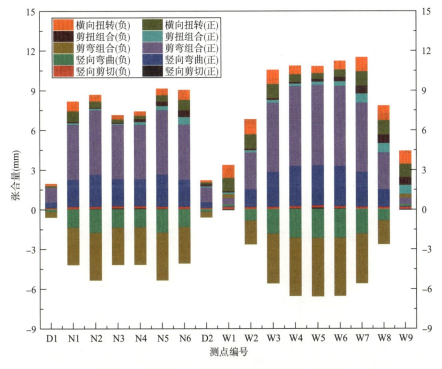

图 4.1-27 不同测点接头最大张合量分布直方图

通过上述分析,明确了沉管隧道管节接头在典型变形模式下的敏感部位,主要分布在管节中部顶点、行车道顶板及剪力键等位置。因此,上述位置将作为实际结构在运营期张合变形的重点关注部位。而对于受到运营限制影响无法直接获取的位置,应作为后续智能仿真算法关注部位,通过实测数据与机理模型的混合驱动,对上述位置加以科学推演。

4.2 接头止水带长期服役性能模型试验研究

目前国内外沉管隧道接头普遍采用 GINA 止水带与 OMEGA 止水带组成的双道止水柔性接头体系。其中,GINA 止水带作为工程设计使用年限内无法更换的外侧首道止水带,面对干湿过渡的复杂环境,同时需可靠应对由地震、温度变化、地基差异沉降而导致的管片错动、自身应力松弛等引起的水密封性问题。为此,本节对我国自研接头 GINA 止水带进行等截面尺寸模型试验,研究其长期服役过程中的弹塑性特征及水密性特征,为其服役性能的评估和管控提供支撑。

本节涉及的橡胶止水带材料和试验数据均来自株洲时代数材料科技股份有限公司。

4.2.1 止水带等截面部件模型试验方法

试验内容分为弹塑性特征试验与水密性特征试验两部分。

1）弹塑性特征试验

（1）应力松弛试验。

应力松弛试验情况如表4.2-1所示，样品采用等截面尺寸结构，综合考虑试验台空间范围，样品长度为0.2m。样品共4条，胶料硬度为48Shore A，压缩量分别为50mm、70mm、110mm和125mm，见图4.2-1。

应力松弛试验情况　　　　　　　　　　　　　表4.2-1

试验温度	试验次数	试验组数	试验样品型号	试验样品长度	样品硬度	初始应力值确定	压缩加载时间
21℃±2℃（恒温室）	1次	4组	GINA-295×275	0.2m	48Shore A	30min待数据相对稳定	28d

图4.2-1　应力松弛试验样品

通过压缩止水带至特定压缩量，并采用螺柱紧固件维持压缩不变，验证应力松弛衰减特性。以压缩30min后相对稳定数值为初始压缩应力，保持压缩量不变，持续压缩一个常规衰减周期28d，计算该时间段内的压缩衰减值。试验在完成一次衰减周期后，仍会继续试验直至第80d，持续验证应力衰减情况，提高试验的准确度。

（2）压缩性能试验。

压缩性能试验情况见表4.2-2。采用等截面尺寸结构,样品厚度为0.5m,且包含43Shore A、48Shore A、58Shore A 三种硬度水平。如图4.2-2所示,通过压缩止水带样品,获得止水带的应力-压缩量关系曲线,并结合应力松弛试验数据,推算100年后压缩力与压缩量的关系曲线。

压缩性能试验试验情况　　　　　　　　　表 4.2-2

试验温度	试验次数	试验组数	试验样品型号	试验样品长度	样品硬度	加载速度
21℃±2℃（恒温室）	2次	3组	GINA-295×275	0.5m	43Shore A/48Shore A/58Shore A	30mm/min

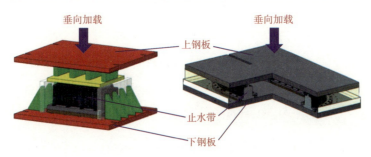

图 4.2-2　压缩性能试验示意图

2) 水密性特征试验

如图4.2-3所示,水密封性能试验样品采用等截面尺寸,止水带弯圆角等尺寸,总长度缩尺,样品设计长度确定为6.2m。

图 4.2-3　水密性特征试验样品

挤压上、下钢板对整圈止水带产品进行压缩形成密闭空间,通过充水加压验证产品的水密性特性。下钢板底部设置进水孔和增加装置,上钢板设置排水孔。

本试验结构为内水外空,橡胶所承受的应力主要是拉应力。内部水压增加,会把止水带往外部推挤,若大于接触压力,会造成止水带失稳进而导致装置漏水。而沉管隧道工况主要是外水内空,橡胶所承受的应力主要是压应力。

在此基础上,利用多向加载装置,开展接头张开、竖向错动、水平错动条件下的水密特性试验分析。

4.2.2 长期服役中止水带弹塑性特征分析

1)压缩性能试验分析

试验每种硬度规格各设置了 2 个样品,便于对比和数据处理。对两组样品的压缩力与压缩量数据进行平均取值,以提高样品试验准确度。对应衰减因子按照表 4.2-3 中比例执行。

压缩量与衰减率关系　　　　表 4.2-3

压缩量(mm)	≤50	(50,70)	[70,90]	(90,110)	(110,125)	[125,137.5]
衰减率	30.6%	31.3%	32%	34.3%	38.7%	43.1%

分别对不同橡胶硬度(43Shore A、48Shore A、58Shore A)的试件进行压缩性能试验,并结合应力松弛试验拟合出 100 年后压缩变形曲线,结果如图 4.2-4 所示。

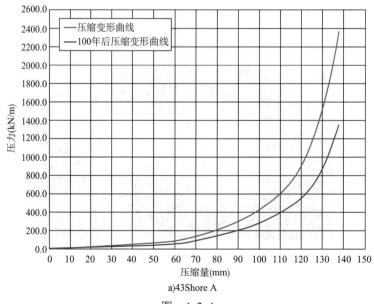

a)43Shore A

图 4.2-4

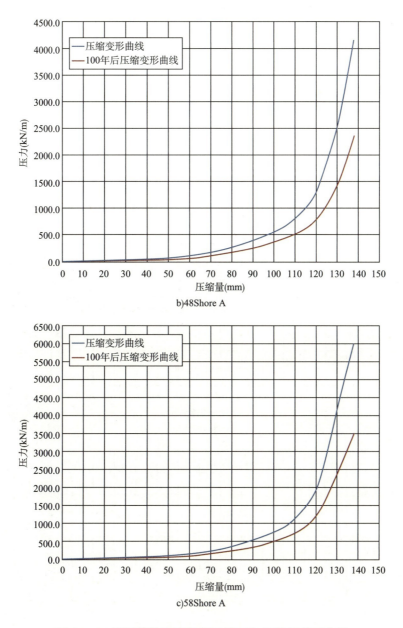

图 4.2-4　不同橡胶硬度条件下的压力-压缩量关系曲线

对比表明,长期压缩对压力的影响可近似考虑为压缩曲线的向下平移,因压缩量的缩小而导致压力相应减少。

2) 偏转压缩性能试验分析

分别对不同橡胶硬度(43Shore A、48Shore A、58Shore A)的试件进行偏转压缩性能试验,获取不同坡度条件(无坡度、0.1°、0.22°)下压力与压缩曲线,结果如图4.2-5所示。试验每种硬度规格各设置了2组样品,便于对比和数据处理。通过对两组样品的压力与压缩量数据进行平均取值,以提高样品试验准确度。

对比表明,偏转角度(取决于压缩坡度)对压力的影响可近似考虑为压缩曲线的向下平移,因压缩量的缩小而导致压力相应减少。

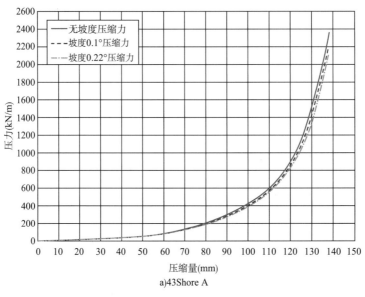

a) 43Shore A

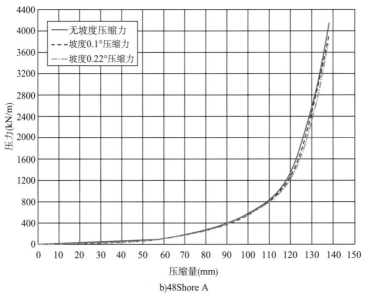

b) 48Shore A

图 4.2-5

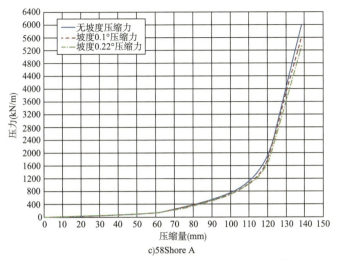

c) 58Shore A

图 4.2-5 偏转压缩坡度对不同橡胶硬度试件压力-压缩量曲线等影响

3) 应力松弛试验分析

此外,针对止水带在长期压缩下的应力松弛问题,考虑不同的初始压缩量(50mm、70mm、110mm、120mm)条件下,对长期压缩过程中时间压力的衰减进行测试,结果如图 4.2-6 所示。需要注意的是,为便于观察,对图 4.2-6 中横坐标做了对数处理。

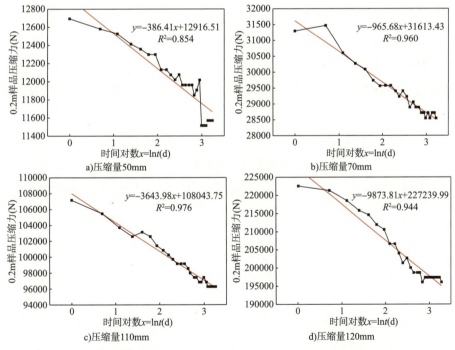

图 4.2-6 初始压缩量对不同橡胶硬度试件压力-压缩量曲线等影响

应力松弛试验在完成一次衰减周期后,持续计量至第 80d,根据该区间数据,通过试验推得 100 年后的应力衰减如表 4.2-4 所示。

长期应力松弛预测结果　　　　　　　表 4.2-4

压缩量（mm）	100 年剩余应力预测百分比（%）	100 年预测衰减率（%）
50	88.5	11.5
70	78.4	21.6
110	77.0	23.0
125	67.9	32.1

4.2.3　长期服役中止水带水密性特征分析

本书 2.3.2 小节中通过有限元仿真分析,确定了管节接头张合量及剪切变形的控制标准。然而,仿真分析中以接头等效水压作为渗水判据,为验证其可靠性,通过缩尺模型试验确定特定工况下的实际渗水情况,主要考虑管节接头发生伸缩、错动的情况。

1）接头张开水密性试验分析

首先,接头位置张合量的变化是引起渗水的最直接因素。结合 2.3.2 小节中提出的控制限值以及缩尺模型比例(1:10),确定了接头压缩量变化为 0mm、15mm、20mm、30mm,同时采用加载装置施加指定变形,对渗漏水情况进行测试,结果如表 4.2-5 所示。可以看出,相对于初始压缩状态,随接头张合量的增加,止水带位置水压逐渐增加,在压缩量变化达到 30mm 时出现了少许渗水现象,与标准中 290mm 的控制限值基本一致(缩尺模型存在 10 倍关系)。

压缩量与渗水情况关系　　　　　　　表 4.2-5

压缩量(mm)	水压(MPa)	是否渗水
0	0.06	未漏水
15	0.117	未漏水
20	0.145	未漏水
30	0.175	少许漏水

2）接头竖向错动水密性试验分析

进一步考虑接头竖向错动与压缩量变化同时出现的组合工况,根据 2.3.2

小节中提出的控制限值,以 1∶10 的缩尺比例确定了 0mm、10mm、20mm、30mm 的竖向错动工况,测试结果如表 4.2-6 所示。可以看出,错动与张合的组合一定程度上会加剧渗漏的情况,渗漏出现的极限工况与仿真模拟基本一致。

接头竖向错动时止水带密封性能　　　　　表 4.2-6

张合量(mm)		0	15	20	30
密封状态	错动 0mm	未漏水	未漏水	未漏水	少许漏水
	错动 10mm	未漏水	未漏水	未漏水	少许漏水
	错动 20mm	未漏水	未漏水	少许漏水	少许漏水
	错动 30mm	少许漏水	少许漏水	少许漏水	少许漏水

4.3　行车安全驱动的照明灯具失效机制研究

随着公路隧道数量和规模的增加,隧道运营养护引发的交通安全问题越发引起人们的重视。对于国内的部分隧道,由于运营期间存在维护管养不周或缺乏维护等问题,照明灯具损坏后未及时得到维修,导致隧道内路面的均匀度较差;而为保证行车安全,国内大部分公路隧道虽都设置了照明设施,但由于运营费用和维护成本过高,大多数隧道没有完全开启照明灯具或仅开启了 1/4 到 1/2 左右的照明灯具,造成隧道内光线较暗且亮暗交错不均匀,容易诱发驾驶员视觉疲劳,带来严重的安全隐患。为此,有必要对隧道内照明灯具的失效模式及特征进行研究。

4.3.1　试验设计及验证

本试验目的在于探究照明回路控制模式或灯具损坏情况下,驾驶员行车时隧道照明参数(均匀度)问题对驾驶员的视觉功能影响,主要体现为不同灯具失效组合下,均匀度对驾驶员高速行车时视认路面障碍物的影响。

1)试验场地

隧道照明试验场地如图 4.3-1 所示。试验隧道长 200m,高 7.14m,宽 9.8m。

a) 隧道正视图　　　　　　　　　b) 隧道俯视图

c) 隧道内部环境

图 4.3-1　公路隧道建设技术国家工程实验室现场

2) 试验灯具

照明试验灯具为定制的模组隧道灯,如图 4.3-2 所示。技术参数如表 4.3-1 所示。

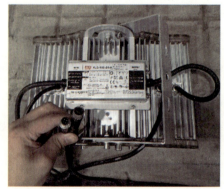

图 4.3-2　隧道照明系统试验灯具

隧道试验灯主要技术参数　　　　　　　　表 4.3-1

额定功率	100W
尺寸(长×宽×高)	310mm×210mm×90mm
色温	5500K
显色指数	$Ra \geqslant 70$
防水等级	IP65
控制方式	DMX512 控制
发光角度	70°×140°

试验灯具通过带有底板的螺栓安装在隧道内墙壁的灯槽导轨上,灯具电源线及灯具控制线则附着在下面的电缆桥架上。灯具安装高度为 6m、安装间距为 4.5m,排列方式为灯具中心到灯具中心,灯具布置形式为两侧对称布灯,安装时通过红外线水平仪进行校准,如图 4.3-3 所示。

图 4.3-3　试验灯具安装示意

灯具220V电源线使用3芯×4平方电源线;控制线则通过公接头与母接头连接,公接头作为信号输入,母接头作为信号输出。每10盏灯通过1个AC220V的分控控制,分控的母接头接到灯具的公接头上。灯具黑线接24V电源负极,灯具蓝线接控制器A/D正极,灯具棕线接控制器B/D负极,控制器电线接地端接灯具黑线或接电源负极,灯具分4组信号控制接到对应控制器端口上。在试验灯具的尽头放置一个主控用于连接控制各分控装置,如图4.3-4所示。分控、主控与电脑间通过超五类的网线进行连接,构成局域网。

a) 分控正面

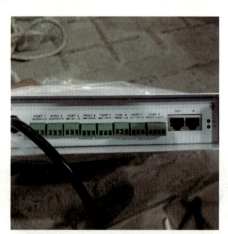
b) 分控背面

c) 主控正面

d) 主控背面

图 4.3-4　隧道照明试验系统控制单元

3) 测量手段

(1) 车速测量。

为更好地复刻隧道中车辆的行驶过程,试验拟对阴影区域的移动速度进行控制,速度变量选取 60km/h、80km/h、100km/h 三种,试验速度可以借助灯具的控制程序 EasyVideo 进行测定。发光二极管(LED)灯具控制程序 EasyVideo 是一款简单实用的 LED 联机软件,软件支持用户直接创建文件窗、SWF 文件、图片、文本、时间等内容,借助软件可以对节目的亮度、速度等参数进行全面的设置,如图 4.3-5 所示。

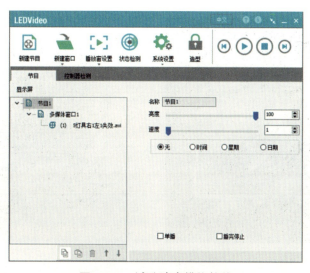

图 4.3-5　试验速度模拟软件

为模拟汽车行驶时的动态效果,需控制暗条纹区域以一定的速度向试验人员所在方向跑动,模拟隧道内的实际行车情况。试验原理为当灯具"失效"时,灯具会在路面上产生一个明显的暗条纹区域,通过控制灯具的开关时间可以让灯具产生的暗条纹区域向人眼所在位置处移动,以此模拟实际隧道行车时驾驶员不断接近"失效"灯具的过程。阴影区域移动方式如图 4.3-6 所示。

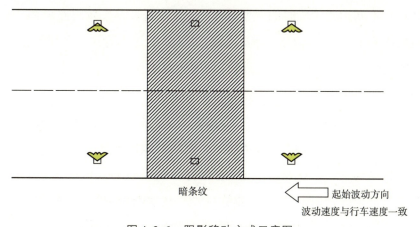

图 4.3-6　阴影移动方式示意图

(2)亮度测量。

试验时,为掌握不同灯具失效情景下隧道内部的照明环境,需要对路面的亮度进行测量,试验亮度的测量采用远方光电公司的亮度计系列检测设备,型号为 CX-2B,如图 4.3-7 所示。该装置通过搭载大口径高像质的物镜,对远距离视景范围内各种光源和发光器件进行高精度的亮度测量。

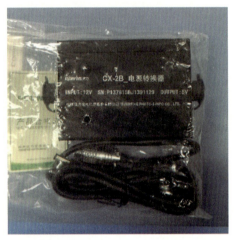

图 4.3-7　CX-2B 亮度计

4)试验流程

为得到照明灯具失效情况下隧道照明环境对驾驶员视觉的影响,设计本试验,以此确定照明设施的维养方案。试验采用控制变量法,以照明灯具的光通量维持率和车辆的行驶速度为变量,通过设置四种灯具失效工况下的不同灯具失效组合来模拟隧道中常见的灯具失效情况;利用 LED 灯具光通量可调的特点来模拟隧道在不同运营阶段时的照明环境,通过控制灯具失效时路面阴影区域的移动速度来模拟隧道中车辆的行驶过程,用以分析驾驶员的行车视觉;最后借助小目标障碍物的主观评价试验,分析灯具失效对小目标障碍物识别的影响,以此明确隧道照明设施失效情况下的维养方案。

试验参加人员共计 29 人,其中男性 25 人,女性 4 人,年龄分布在 22~25 岁之间,平均年龄 23 岁,无常见的色觉障碍、视弱等眼部疾病。试验人员的裸眼视力或矫正视力均达到 1.0 及以上,其中拥有驾驶经验的人员占比在 75% 以上。试验为小目标障碍物识别试验,为排除日光等其他因素的影响,选择在夜间进行试验。29 名试验人员分别需完成 4 种光通量维持率(70%、80%、90%、100%)

和三种行驶速度(60km/h、80km/h、100km/h)共计 12 组的隧道照明灯具失效试验。试验灯具失效组合共计 24 组工况,故总试验数据为 3 × 4 × 24 × 29 = 8352 个。

进行小目标障碍物试验时,参照国际照明协会对小目标物放置的规定并结合本次试验需要,按行驶速度分别为 60km/h、80km/h、100km/h 时的停车视距,将小目标障碍物分别放置在 56m、100m、158m 处,随后借助软件控制程序将灯具的光通量分别维持在 100%、90%、80%、70%,通过控制不同灯具失效组合时阴影区域的移动速度,对小目标障碍物进行识别试验。要求小目标物放置在行车道的中线、试验人员站在小目标物的正前方、头部固定高度为 1.3m,对当前隧道照明灯具失效情况下的照明环境进行评价。

对于评价指标,本次试验在参照国内外一些常用的主观评价指标后,选择将照明试验的评价指标定为"看不见""模糊"和"清晰"三种,以此分析照明灯具失效对驾驶员在不同行驶速度和光通量维持率下的小目标物视认产生的影响。具体的指标含义如表 4.3-2 所示。

评价指标　　　　　　　　　　　　　　　　　　　　　　表 4.3-2

评价指标	备注
看不见	小目标障碍物的轮廓和细节完全不可见
模糊	勉强可以看见小目标的位置和轮廓,但不能分辨其具体细节
清晰	对小目标的细节、轮廓等可以清晰看见,但会受到照明环境影响

虽然采取主观评价法测得的数据会因为试验人员的个体差异而具有很高的不确定性,但如果试验设计符合理论基础,同时将试验过程严格地把控在可控范围内,并做好试验预演等准备工作,试验获得的数据同样具有准确性和有效性。

4.3.2　照明灯具失效机制

照明试验系统安装调试后,对试验系统的隧道照明质量进行测量以确定照明试验时平均亮度、均匀度的具体数值。路面亮度的测量采用 CX-2B 亮度计对失效灯具所在的区域进行亮度测量。亮度计在纵向上放置在计算区域内第一盏被测灯具的 60m 处,横向位于行车道的中心,架设高度为驾驶员眼睛高度,如图 4.3-8 所示。

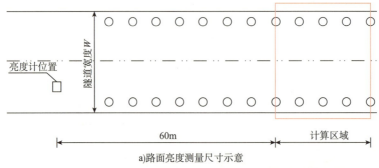

a) 路面亮度测量尺寸示意

b) 路面亮度测量实景

图 4.3-8　亮度计测量示意图

亮度测量结果以 100% 光通量为例,部分典型灯具测量结果及亮度伪色图如图 4.3-9 所示。

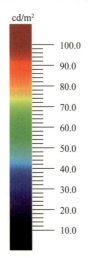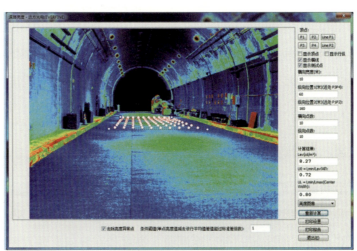

a) 灯具1

图 4.3-9

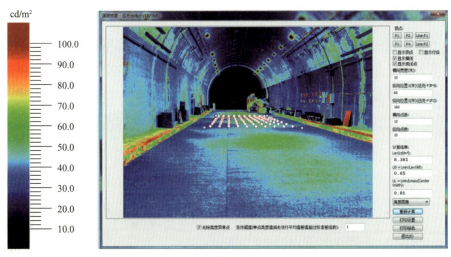

b) 灯具12

图 4.3-9　典型灯具失效时照明路面亮度伪色图

对照明测量结果所得四种光通量维持率下的路面平均亮度、亮度总均匀度和亮度纵向均匀度进行整理分析,结果如图 4.3-10～图 4.3-12 所示。

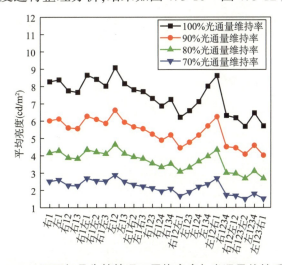

图 4.3-10　不同灯具失效情况下平均亮度与光通量的关系曲线

对比可知,照明试验系统的平均亮度在不同光通量维持率下的变化趋势也基本保持一致,与第 3 章数值模拟的结果相似。平均亮度随光通量降低时的下降比例基本维持在 30% 左右,在 70% 光通量维持率时的平均亮度相比 80% 时降低的比例略微增加,最大降低幅度约 40%。亮度总均匀度和纵向均匀度在不同光通量维持率下略有变化,与数值模拟的结论略有差别。此外,部分灯具失效情况下的路面平均亮度值也与数值仿真的结果略有差异。分析其原因,应为隧道试验室投入使用的时间较长,隧道内部摆放了较多的仪器设备,加之试验时路面铺设了地毯,容易吸附灰尘,试验时人员走动等问题可能造成隧道洞壁和路面的反射率发生变化。从偏差来看,不同光通量维持率下的亮度总均匀度和纵向均匀度的偏差率基本保持在2%以下,对试验结果的影响可以忽略不计。

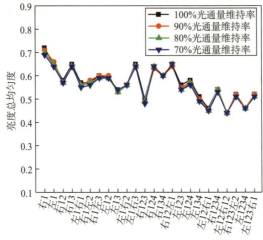

图4.3-11　不同灯具失效情况下亮度总均匀度与光通量的关系曲线

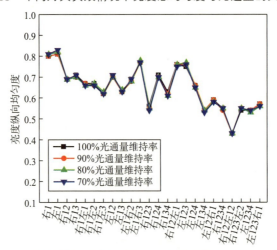

图4.3-12　不同灯具失效情况下纵向均匀度与光通量的关系曲线

4.4　本章小结

围绕沉管隧道的服役行为及病损机理,本章通过模型试验手段,研究了沉管隧道管节接头在典型变形模式下的力学响应特征及接头止水带在长期服役过程

中的性能演变规律,并探索了照明系统失效的特征及影响。主要结论如下:

(1)提出了沉管隧道组合结构模型试验方法,确定了沉管隧道模型试验相似准则及相似比参数,建立了沉管隧道大比尺物理模型试验平台,开展了沉管隧道组合结构变形物理模型试验,分别研究了沉管隧道管节结构在发生剪切错动、弯曲、扭转等典型变形条件下接头结构的受力、变形特征,并从中总结出管节接头的敏感部位与指标,为沉管隧道健康监测布点提供了重要支撑,同时确定了后续智能仿真算法具体的推演目标。

(2)基于接头止水带等截面尺寸部件模型,开展了沉管隧道接头止水带的弹塑性特性试验,明确了长期服役过程中接头止水带压缩性能的长期演变及应力松弛的发展过程,为仿真模型中接头模拟方法提供了重要依据。开展了接头止水带水密性试验,根据沉管隧道变形形式,对照前期仿真模拟得到的接头变形控制限值,施加了不同的压缩及剪切变形模拟沉管隧道止水带受力状态及渗漏情况,验证了接头变形适应性评估限值的合理性。

(3)针对隧道内照明系统失效条件下的行车安全问题,开展了行车照明试验,研究了不同行驶速度、灯具失效组合及车辆行驶位置等因素下的均匀度对驾驶人员视认小目标物的影响,借以探究行车视觉均匀度对人眼的具体影响,为公路隧道照明系统的精细化运维和行车安全保障提供理论支持。

CHAPTER 5 | 第 5 章

沉管隧道服役状态智能仿真技术

近年来,国内外学者从全寿命安全服役管理需求出发,针对沉管隧道的服役行为及演变规律开展了大量研究,其中基于数值仿真的模拟分析是最为常见的研究手段。无论是针对土建结构还是机电设施,数值仿真的常规思路可以总结为:①根据隧址服役环境和隧道自身特征,基于特定机理假设,构建针对所关注服役行为(土建结构、机电设施等)的仿真分析模型;②结合实测或经验确定服役荷载,开展典型工况下隧道服役行为分析,提取所关注的各项服役状态表征指标。

可以看出,传统的仿真分析手段大多基于预设的物理规则,获取对象服役状态的确定性分析结果。对于典型服役模式下的共性行为规律分析,既有研究往往可以取得较为理想的效果,但聚焦到具体工程,却难以实现对特定对象服役状态的个性化分析。此外,随着研究对象的日趋复杂,仿真分析的精细化程度不断提升,这种基于特定先验而建立起来的分析模式的弊端也逐渐显现——通过简单、普遍和确定的原则来解释复杂、特殊和不确定的现象,会随着系统复杂程度的提升而逐渐失去可靠性。其原因在于,整体并不等同于部分的集合,将复杂对象简化为确定性的输入-输出关系后,并不能保证从这些关系的累积中完整重建出具有高度不确定性的原始对象。

因此,需要引入一种全新的智能分析手段,在一定程度上代替传统的模型仿真技术,以满足沉管隧道服役状态管控日趋精细化、智能化及系统化的发展需求。数据驱动和深度学习近年来的快速发展和不断完善,为沉管隧道服役状态的仿真分析提供了一种全新的思路,即通过大量仿真及实测数据,结合深度学习技术,构建数据驱动的沉管隧道服役状态智能仿真模型。其优势在于两方面:①用数据模型替代物理模型,使仿真效率大幅提高;②用数据导向的随机性模型代替机理导向的确定性模型,具有更好的泛化能力。

5.1 沉管隧道服役状态智能仿真研究思路

本章从土建结构与机电设施两方面开展服役状态智能仿真技术的研究,解决传统基于机理模型的仿真分析手段计算效率较低、迁移能力较弱等问题。

对于土建结构,其智能仿真研究思路如下:

(1)结合既有研究及工程实际资料,确定沉管隧道地基及回淤荷载等参数取值范围,作为数值仿真模型的输入条件。

(2)建立沉管隧道结构三维精细化有限元模型。

(3)改变沉管隧道的输入条件,结合试验设计技术,开展大量可行工况下的数值模拟分析,建立沉管隧道在不同服役模式下的应力、应变及变形数据集。

(4)结合深度学习算法,构建沉管隧道结构服役状态智能仿真分析模型。

对于关键机电设施,其智能仿真研究思路如下:

(1)设置不同机电设备性能失效工况。

(2)在不同仿真软件中对不同机电设施性能失效工况进行仿真模拟,获得不同工况下机电设施的功能指标,建立沉管隧道机电设施性能失效状态变化数据集。

(3)结合深度学习算法,构建沉管隧道关键机电设施服役状态智能仿真分析模型。

5.2 沉管隧道土建结构服役状态智能仿真

本节基于港珠澳大桥沉管隧道,对沉管隧道土建结构服役状态智能仿真技术开展研究,分别从数据集构造、深度学习模型建立及应用方法进行阐述。

5.2.1 智能仿真模型数据集构造

由于沉管隧道自身结构及服役环境的复杂性,实时获取沉管隧道广域范围内结构响应数据难度较大。为此,本节所建立的智能仿真模型数据来源于有限元仿真手段。

1)沉管隧道精细化有限元分析模型

(1)模型整体。

港珠澳大桥沉管隧道沉管段全长 5664m,由 33 节管节组成,均为矩形钢筋混凝土节段式管节。管节接头横断面尺寸为 37.95m×11.4m,采用两孔一管廊结构。管节接头横断面共设置四组竖向剪力键和两组横向剪力键,竖向剪力键分别位于结构边墙 VSK1 和中墙 VSK3;横向剪力键位于结构底部 HSK1 和 HSK2,如图 5.2-1 所示。根据设计说明,E1～E8 管节采用水平混凝土剪力键,E9～E33 采用竖向钢剪力键。相关文献表明,混凝土剪力键已有诸多研究成果,因此本文重点研究竖向钢剪力键。

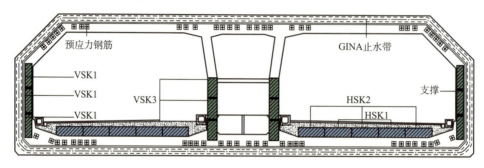

图 5.2-1　管节标准断面图

本部分选取港珠澳大桥沉管隧道管节接头作为研究对象,建立沉管隧道管节结构三维精细化模型,模型如图 5.2-2a)所示,所建立的管节接头 A 和管节接头 B 轴测图如图 5.2-2b)、c)所示。在仿真模型中,沉管隧道主体管节及水平混凝土剪力键采用 Soild 单元,单元类型为 C3D8R;采用弹性本构关系模拟管节结构的受力变形关系,材料属性为 C45 混凝土,弹性模量为 33.5GPa,重度为 $2.45 \times 10^4 \mathrm{N/m^3}$,泊松比为 0.2。

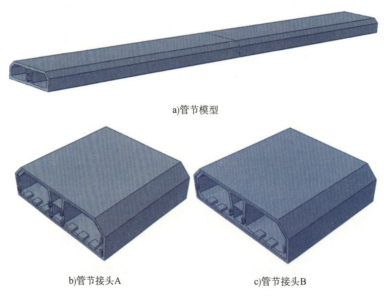

图 5.2-2　沉管隧道管节有限元模型

(2)剪力键。

剪力键分为竖向钢剪力键与水平混凝土剪力键两类。

对于竖向钢剪力键,依据设计方案进行精细化建模,采用与实际工程的钢剪力键制作相一致的方法,建立各钢板模型,并将其相连形成箱形结构的钢剪力键,如图 5.2-3 所示。竖向钢剪力键通过螺栓固定在管节上,在仿真模型中将螺栓作为剪切面,与管节形成绑定相互作用。该沉管隧道管节接头竖向钢剪力键有外钢板及内隔钢板(水平隔板 A、E,纵向隔板 B、D,竖向隔板 C、F)三种组合类型。在仿真模型中,钢板的材料属性为 Q345 钢材,钢剪力键的本构关系采用弹性模型,弹性模量为 206GPa,重度为 $7.85 \times 10^4 \text{N/m}^3$,泊松比为 0.35。

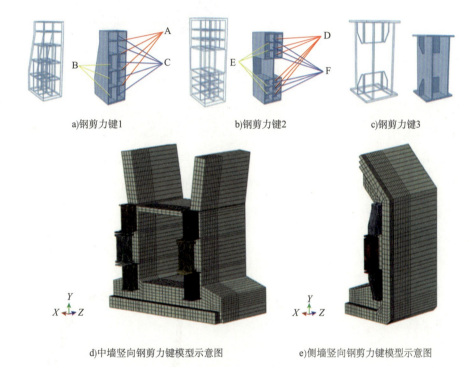

图 5.2-3　竖向钢剪力键模型

对于水平混凝土剪力键,为了保证管节接头剪力的有效传递,港珠澳大桥沉管隧道 E1~E8 管节间(含 E8/E9 管节接头)设置了 2 组水平混凝土剪力键、2 组中墙混凝土剪力键,E9~E33 管节间设置了 2 组水平混凝土剪力键。在仿真模型中按照实际管节构造,对管节底板横向混凝土剪力键采用实体单元(单元类型 C3D8R),模型如图 5.2-4 所示。

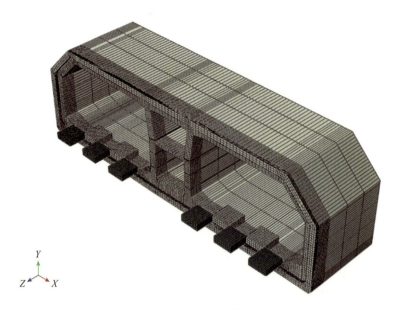

图 5.2-4　水平混凝土剪力键模型

(3) GINA 止水带。

止水带采用 Trelleborg 公司型号为 320/370(硬度为 37Shore A)的 GINA 止水带,使用非线性弹簧单元模拟该材料的受压力学性能,模型如图 5.2-5a)、b)所示。单元长度等于 GINA 止水带实际长度,并根据面积权值进行弹簧单元长度刚度分配。在数值模拟中,采用实际工程止水带的每延米压力-压缩量曲线,变形曲线如图 5.2-5c)所示。

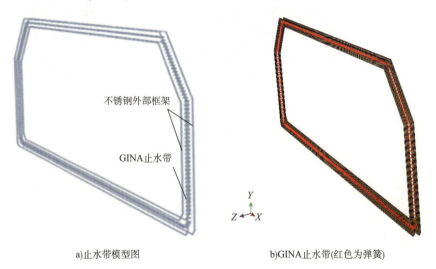

a)止水带模型图　　　　　　　　b)GINA止水带(红色为弹簧)

图　5.2-5

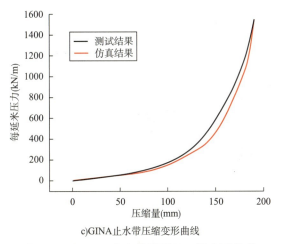

c) GINA 止水带压缩变形曲线

图 5.2-5　GINA 止水带模型及压缩变形曲线

(4) 记忆支座。

沉管隧道剪力键之间采用记忆支座相接触,降低了沉管管节之间的差异沉降所带来的结构破坏风险。记忆支座是由锌材料作为承压柱材料,与承压板等材料共同构成,如图 5.2-6 所示。

a) 承压板和承压柱　　　　　　　　　b) 承压板和抗剪柱

图 5.2-6　记忆支座实物

在仿真模型中,承压板的材料属性为 Q345 钢材。除了承压板以外,采用非线性弹簧单元模拟承压柱的受压力学性能,如图 5.2-7a) 所示;承压柱变形曲线采用压力-压缩量曲线,如图 5.2-7b) 所示。

(5) 边界条件及荷载。

研究运营期内港珠澳大桥沉管隧道管节接头在典型变形下钢剪力键的力学性能。在进行模拟前,先考虑沉管隧道施工时的水力压接过程。模型在初始状态时,约束管节 A 和管节 B 下侧土体底部 Y 方向和侧部 X、Z 方向的位移;当水力压接 150mm 完成后,对管节 A 和管节 B 施加相应的荷载,实现不同的变形模式。在研究管节接头受力与变形特点时考虑以下典型变形模式:竖向压弯、竖向压剪以及横向扭转变形工况,模型示意如图 5.2-8 所示。

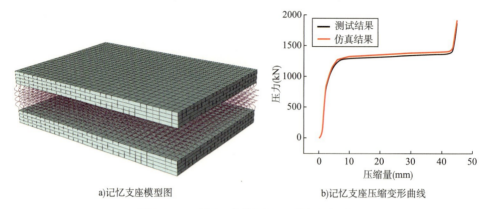

a)记忆支座模型图　　　　　　b)记忆支座压缩变形曲线

图 5.2-7　记忆支座模型及压缩变形曲线

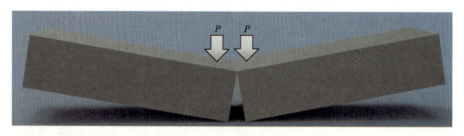

a)竖向压弯

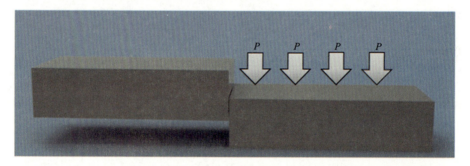

b)竖向压剪

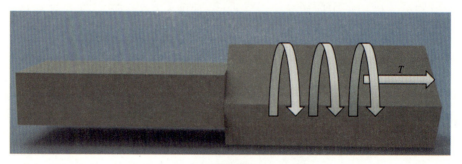

c)横向扭转

图 5.2-8　变形模拟示意图

2）有限元模型验证

上述有限元模型的准确性直接决定数据集的可靠性。为此，通过对比分析物理模型试验和数值仿真两种方法的结果，对有限元模型进行验证。

在工况选择上，服役沉管隧道在基槽不均匀沉降、不规则回淤荷载、航道疏浚扰动、潮汐荷载、大型风暴潮等作用下，可能发生管节不均匀沉降、接头扭转、剪切等不协调变形，进而导致管节接头张开、止水带失效、剪力键剪切破坏、渗水涌水等重大灾害。运营期沉管隧道的监测数据及调研分析资料表明，基槽地质情况变化、地层压缩固结或卸荷回弹、回淤、疏浚等外部环境变化所引起的沿沉管隧道纵向的不均匀沉降、弯曲变形是运营期沉管隧道的典型变形姿态。此外，根据物理模型试验的分析结果，弯曲变形形态下管节接头所产生的 GINA 止水带张开量也最大，即为相对不利的变形姿态。

因此，选取沉管隧道管节负弯曲变形（正 V 形）和正弯矩变形（倒 V 形）为典型工况来进行数值模拟结果和物理模型试验的对比分析。选取 DW1～DW9 作为数据对比选取测点，测点位置如图 5.2-9 所示。

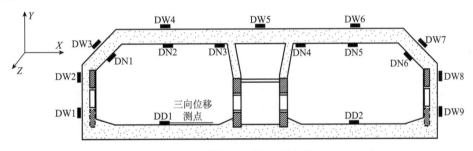

图 5.2-9　数据对比选取测点位置

(1)正 V 形工况结果对比。

图 5.2-10 为正 V 形变形姿态下沉管隧道管节接头测点 DW1 在水平 X 方向、竖直 Y 方向和隧道纵向 Z 方向张合的位移变形对比曲线图。可以看出，竖直 Y 方向的位移变化趋势一致，试验最大沉降位移 9mm，数值模拟最大沉降位移 8.9mm；在水平 X 方向，试验的结果没有变化，数值模拟最大水平位移 0.5mm；Z 方向隧道纵向张合的位移上，试验的结果没有变化，数值模拟最大张开位移 1mm。

测点 DW2～DW9 正 V 形工况的物理模型试验与数值模拟的位移结果也都具有一致的演化趋势，且整体差异较小。

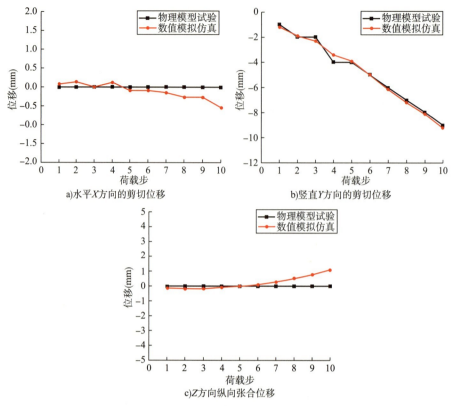

图 5.2-10 测点 DW1 试验与数值模拟对比曲线

(2) 倒 V 形工况结果对比。

类似地,图 5.2-11 ~ 图 5.2-13 展示了倒 V 形工况下,代表测点处物理模型试验与数值模拟位移数据的对比情况。可以看出,在两种验证工况下,仿真数据均与物理模型数据有较好的一致性,这验证了前文所构建沉管隧道精细化有限元模型的可靠性。

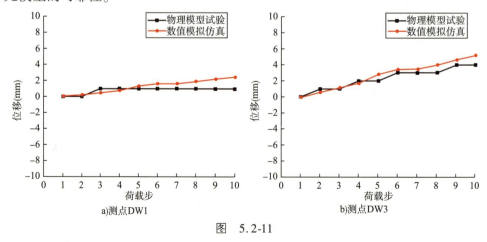

图 5.2-11

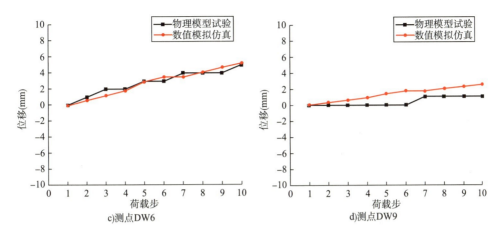

图 5.2-11　代表测点水平 X 方向剪切位移对比验证

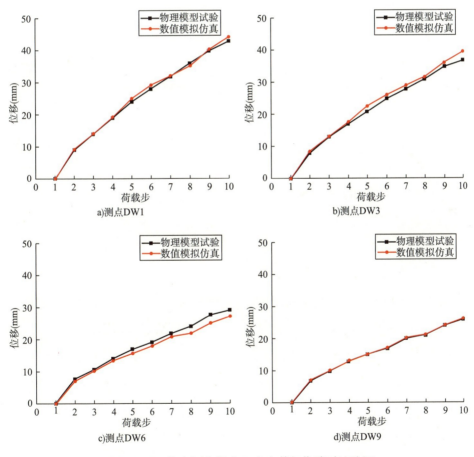

图 5.2-12　代表测点竖直 Y 方向剪切位移对比验证

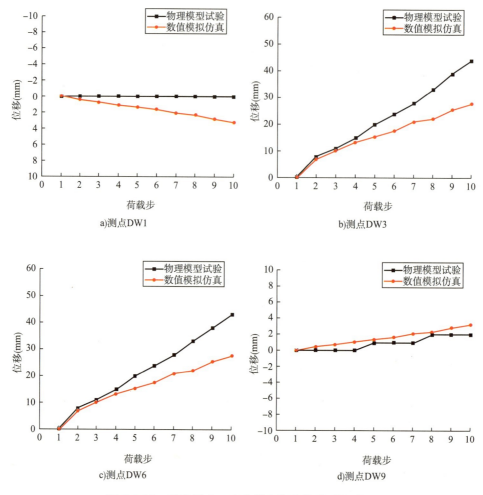

图 5.2-13 代表测点 Z 方向纵向张合位移对比验证

3) 结构仿真力学响应数据集

利用上述精细化有限元分析模型,通过试验设计方法,获取大量服役工况下沉管隧道结构受力、变形数据,在此基础上构建仿真结果数据集。

针对不同的变形模式,在拟定计算工况时考虑从常规小变形到极端荷载作用下大变形等渐变过程,例如 GINA 止水带的压缩量从 100mm 逐渐增大至 180mm,水平方向剪力键错动变形从 0mm 逐级增大至 15mm 等。对每个管节接头,在综合考虑上述变形模式、变形范围及运营环境的情况下,需要计算约 90 个模拟工况,部分工况如表 5.2-1 所示。

管节接头变形模拟计算工况　　　　　　　表 5.2-1

序号	因素					
	压缩量（mm）	水平错动（mm）	竖向错动（mm）	竖向弯曲（mm）	水平弯曲（mm）	扭转（rad）
1	100	2	8	0.006	0.002	0.002
2	100	12	14	0.002	0.012	0.003
3	100	0	0	0	0	0
4	100	10	2	0.002	0.01	0.002
5	100	16	6	0	0.002	0.004
6	100	14	4	0.008	0	0
7	100	8	12	0.01	0.008	0.003
8	100	4	16	0.012	0.004	0.001
9	100	6	10	0.004	0.006	0.001
10	110	12	16	0.004	0	0.004
11	110	8	14	0.006	0.01	0.001
12	110	2	10	0.008	0.004	0
13	110	4	12	0	0	0.002
14	110	6	6	0	0.008	0.002
15	110	10	4	0.012	0.006	0.003
16	110	14	0	0.01	0.002	0.003
17	110	0	2	0.002	0.002	0.001
18	110	16	8	0.002	0.012	0
……	……	……	……	……	……	……

此外,港珠澳大桥沉管隧道沉管段共计 33 个管节,再加上东西人工岛暗埋段,总计需建立 34 个管节接头模型,而构建沉管隧道服役状态数据集所需的计算工况有 3060 个。数值模拟需要提取海量计算数据,因此,根据沉管隧道结构特征,通过计算机编程实现海量数据自动提取方法,提取出沉管隧道接头构件全断面止水带与剪力键的位移状况。其智能仿真检测点位如图 5.2-14 所示。

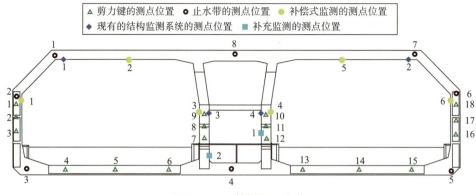

图 5.2-14　数据提取点位

表 5.2-2 为智能仿真数据结果。

智能仿真数据结果　　　　　　　　　　　　　　　　　表 5.2-2

张合量位移监测数据（mm）	补充监测数据（mm）	补偿式监测数据（mm）	止水带位移数据（mm）	剪力键位移数据（mm）
位移 1 位移 2 位移 3 位移 4	位置 1-X 方向 位置 1-Y 方向 位置 2-X 方向 位置 2-Y 方向	位置 1-X 方向 位置 1-Y 方向 位置 2-X 方向 位置 2-Y 方向 …… 位置 6-X 方向 位置 6-Y 方向	位置 1-Z 方向 位置 2-Z 方向 位置 3-Z 方向 位置 4-Z 方向 …… 位置 8-Z 方向	位置 1-Y 方向 位置 2-Y 方向 位置 3-Y 方向 位置 4-X 方向 位置 5-X 方向 …… 位置 18-Y 方向
位移 1 位移 2 位移 3 位移 4	位置 1-X 方向 位置 1-Y 方向 位置 2-X 方向 位置 2-Y 方向	位置 1-X 方向 位置 1-Y 方向 位置 2-X 方向 位置 2-Y 方向 …… 位置 6-X 方向 位置 6-Y 方向	位置 1-Z 方向 位置 2-Z 方向 位置 3-Z 方向 位置 4-Z 方向 …… 位置 8-Z 方向	位置 1-Y 方向 位置 2-Y 方向 位置 3-Y 方向 位置 4-X 方向 位置 5-X 方向 …… 位置 18-Y 方向
位移 1 位移 2 位移 3 位移 4	位置 1-X 方向 位置 1-Y 方向 位置 2-X 方向 位置 2-Y 方向	位置 1-X 方向 位置 1-Y 方向 位置 2-X 方向 位置 2-Y 方向 …… 位置 6-X 方向 位置 6-Y 方向	位置 1-Z 方向 位置 2-Z 方向 位置 3-Z 方向 位置 4-Z 方向 …… 位置 8-Z 方向	位置 1-Y 方向 位置 2-Y 方向 位置 3-Y 方向 位置 4-X 方向 位置 5-X 方向 …… 位置 18-Y 方向
……	……	……	……	……

4）数据预处理

通过数值仿真模拟不同工况下各测点的位移及各个剪力键及止水带的位

移,并将提取后的数据作为算法模型的输入数据,即为试验数据。为了保证模型最终预测结果的准确性,需要对数据进行预处理分析。

(1)异常数据分析。

通过对输入输出的数据进行观察,筛选出数据中的异常点,然后分析其来源以论证该数据点的可靠性。模型的最终预测准确度往往是因为受到这些异常值的影响,偏离正常范围的异常数据会导致模型的平均准确率低,无法达到精度要求。

针对数据中的异常点,主要对其成因进行追究,有些异常点可能是由于某种工况导致该剪力键或者止水带位移量在某个方向上较大,有些异常点则可能是计算过程中模型本身的问题,例如是由计算不收敛导致。图 5.2-15 中的两个异常数据点分别为 E32 与 E33 管节接头的剪力键 4Y 在正交工况下的点、E30 与 E29 管节止水带的剪力键 12Y 在正交工况下的点。这两个点相较于其临近的工况跳变较大,模型往往难以准确地对这些跳变点进行预测,所以需要对其原因进行分析。

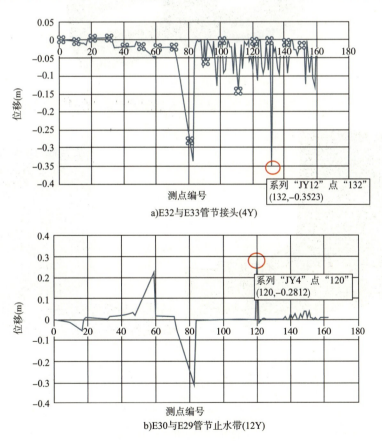

图 5.2-15 剪力键异常值点

对该数据点对应的工况和管节进行分析,然后通过对模型的计算结果进行反查。图 5.2-16 和图 5.2-17 是 E32 与 E33 管节剪力键 4Y 的仿真结果。该工况主要包括四种变形模式,其中影响最大的是横向弯曲,使得 GJ1 往 X 轴正方向移动,GJ1 底板横向剪力键挤压 GJ2 的底板横向剪力键,框 1、2、4 在 GJ1 剪力键的挤压下,都有明显翘起趋势,符合该工况下的变形结果。则可以分析得出,E33 与 E32 接头突变的数据是受到地基参数、GINA 止水带的影响。因此,这类数据值可能是实际问题中较为重要的点,尽管模型拟合困难,但是仍有其物理意义。这类数据点的处理方法为,一般将对应的工况单独提出作为重点工况研究,最后再将总体结果进行整合,最大程度上保证数据的整体预测精度。

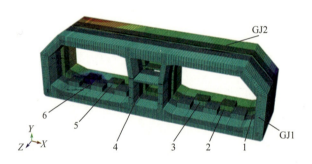

图 5.2-16 数值模拟整体结果图

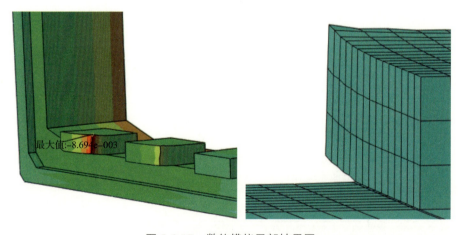

图 5.2-17 数值模拟局部结果图

上述情况具有实际物理意义,属于数据中的跳变点数据,其原因是工况及地基参数等因素的影响。而图 5.2-18 是 E30 与 E31 管节止水带在 65 工况和 68 工况下 Z 方向的位移异常数据点,这两个数据点相较于邻近数据产生了明显跳变。同理,通过数据点对应的管节和工况反查数值模拟结果(图 5.2-19)可以发现,在 65、68 工况下,这两个数据点的止水带变形已经异常,产生了扭曲变形,其结果已经不收敛。这类数据本身已经没有任何意义,针对这类数据采用的应对方法通常与不收敛工况的处理方式一样,即直接删除数据点,以保证其他正常数据的预测准确度。

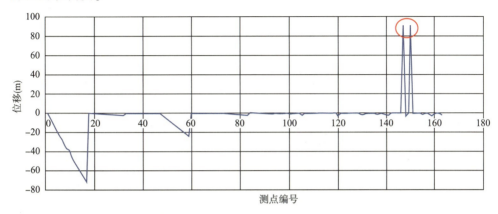

图 5.2-18　止水带位移异常值点

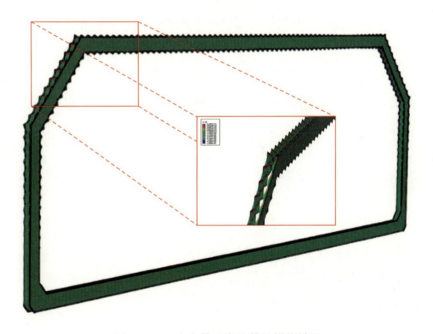

图 5.2-19　止水带异常值数值模拟结果

对以上两种不同类型的异常数据点按照不同的管节进行逐一排查,将所有的数据全部绘制成折线图进行可视化,并对所有存在的跳变点数据进行分析,见图 5.2-20。将具有实际物理意义的位移值较大的点所对应的管节和工况单独列出,然后将这些工况作为重点工况重点研究。而针对计算结果本就不收敛、无任何意义的点,直接将这些点做删除处理。对所有数据做如上处理后,输入到人工网络算法模型中,进行网络训练。

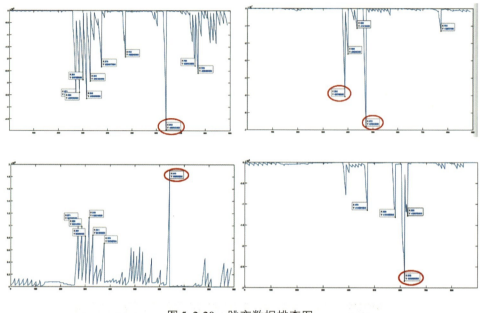

图 5.2-20　跳变数据排查图

(2)数据标准化。

因为输入的训练数据具有差异性,每种工况下的剪力键止水带的变形情况也存在差异,所以位移量的量纲也具有差异。为了便于模型训练,在训练前对这些数据进行归一化处理,将输入及输出数据归一化至 0~1 之间。具体归一化方式见式(5.2-1):

$$X = \{x_n\} = \frac{x_n - x_{\min}}{x_{\max} - x_{\min}} \tag{5.2-1}$$

式中:x_n——输入位置某点数据;

$x_{\max}$——输入数据某点数据最大值;

$x_{\min}$——输入某点数据最小值。

5.2.2　基于深度学习的结构状态智能仿真模型

目前沉管隧道智能监测数据主要由接头张合量监测为主,剪力键与止水带的受力与变形情况往往难以有效获取。因此,本研究通过已有的少量测试数据,结合隧道结构力学响应数据集,从局部数据向整体数据推演,获取沉管隧道接头整体结构的位移变化情况。

1) 模型构建及参数优化

利用实测及仿真结构力学响应数据,开展沉管隧道接头结构受力、变形的智能仿真,即根据现有的位移数据,实现对隧道结构不同位置、不同方向位移的推演。由于沉管隧道不同测点位移数据间的关系是非线性的,反向传播(BP)神经网络能够更好地模拟数据间的非线性关系。因此,采用该方法进行智能仿真模型的构建。

人工神经网络是一种由大量的节点和节点之间的连接构成,无须事先确定输入输出之间映射关系的数学方程,仅通过自身的训练,学习某种规则,在给定输入值时得到最接近期望输出值结果的方法。BP 神经网络是一种按误差反向传播训练的多层前馈网络,其算法称为 BP 算法,它的基本思想是梯度下降法,利用梯度搜索技术,以期使网络的实际输出值和期望输出值的误差均方差为最小。BP 算法包括信号的前向传播和误差的反向传播两个过程。即计算误差输出时按从输入到输出的方向进行,而调整权值和阈值则从输出到输入的方向进行。正向传播时,输入信号通过隐含层作用于输出节点,经过非线性变换,产生输出信号,若实际输出与期望输出不相符,则转入误差的反向传播过程。误差反传是将输出误差通过隐含层向输入层逐层反传,并将误差分摊给各层所有单元,以从各层获得的误差信号作为调整各单元权值的依据。

因此,如图 5.2-21 所示,沉管隧道结构服役性能智能仿真模型包含三个层:输入层、输出层和隐藏层。输入层接收现有监测信号与数据,隐藏层处理输入并提取特征,输出层产生神经网络的最终输出。

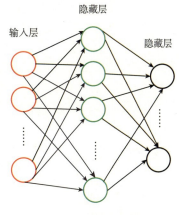

图 5.2-21 神经网络结构图

基于 BP 神经网络的智能仿真模型中包含模型数据参数、模型自身参数与模型的输出参数,其中模型的输入参数为目前已有监测点与监测位移数据;模型的输出参数为隧道接头构件整体止水带与剪力键的位移数据;模型自身的参数包括迭代次数、学习率、误差值以及隐藏层节点个数等相关参数,每个不同的参数都对模型训练有着不同的作用,每个参数的具体作用如下。

(1)迭代次数。

迭代次数是指模型训练的最大次数,网络训练一次,误差反向传递一次,并更新一次权重值。迭代次数设置太少,达不到误差设置要求模型也会终止训练,导致训练结果未完全收敛。迭代次数设置太多,达到了误差设置要求,但是过大的迭代次数会导致模型容量增大造成过拟合现象。所以,设置合理的迭代次数是保证模型训练结果是否完全收敛以及恰当拟合的关键。

(2)学习速率。

学习速率控制整个网络模型的学习进度,决定这个网络能否成功或者需要多久成功找到全局最小值,从而得到全局的最优解(即最优参数)。梯度下降算法每次迭代也都受到学习速率的影响。学习速率过大,则每次迭代可能不会减小损失函数结果,无法找到最优位置,甚至会超过局部最小值导致无法收敛。其原理如图5.2-22所示,损失函数结果成螺旋式上升或下降,甚至超过局部最优值,导致结果不收敛。

学习速率过小,网络收敛速度非常缓慢,会延缓找到最优值的时间。虽然小的学习速率可能会通过较长时间找到最优值,但是也有可能进入局部的最优解就收敛,而达不到真正的最优解(图5.2-23)。

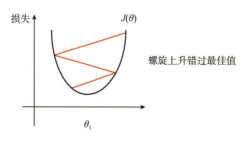

图5.2-22 学习速率过大的损失函数结果　　图5.2-23 学习速率过小

所以,在训练过程中,学习速率至关重要,是决定模型结果是否收敛及过拟合的关键参数,也是决定损失函数是否达到最优解的关键因素。

(3)误差值。

误差值即目标误差值,目标误差是模型训练设置的误差要求,当模型的实际值与预测值的差达到目标误差时则停止训练,开始反向传递误差进行权重更新。

若误差值设置过小,则精度达不到要求;若误差值过大,导致模型计算时间太长,而且可能模型也达不到计算精度。

(4)隐藏层节点数。

BP 神经网络的隐藏层节点数对 BP 神经网络预测精度有较大的影响。节点数太少,网络不能很好地学习,需要增加训练次数,训练精度也受影响;节点数太多,训练时间增加,网络容易过拟合。通常最佳隐藏层节点数选择参考式(5.2-2)~式(5.2-4)。

$$l < n - 1 \tag{5.2-2}$$

$$l < \sqrt{(m+n)} + a \tag{5.2-3}$$

$$l < \log_2 n \tag{5.2-4}$$

式中:n——输入层节点数;

l——隐藏层节点数;

m——输出层节点数;

a——0~10 之间的常数。

在实际问题中,隐藏层节点数的选择首先是参考式(5.2-2)~式(5.2-4)来确定大致的范围,然后用试凑法确定最佳的节点数。

将划分好的管节数据分别输入到模型中进行训练,根据各参数的意义及作用来进行模型参数调整训练,参数调整最终目的是要将模型的各个参数调整到其最优值左右,以保证最终预测的准确度。

智能仿真模型参数调整首先需要确定目标误差,因为目标误差是模型训练过程中误差反向传递的指导因素。目前对沉管隧道接头构件一般的监测精度为 0.1mm,因此本研究神经网络模型的目标误差值设置为 0.01mm,既保证了网络模型能达到较高精度,也保证了训练过程中的误差要求。初始的迭代次数取 5000,学习效率取 0.01,隐藏层个数选取 30。

具体的参数调整流程见图 5.2-24。每个管节接头的数据都严格按照图 5.2-24 进行,直到能够保证误差曲线稳定及结果精度和均方误差满足要求。每个管节的参数都是经过反复多次调整确定,既能保证网络模型不会出现过拟合及欠拟合的情况,也能在最大限度满足精度要求。

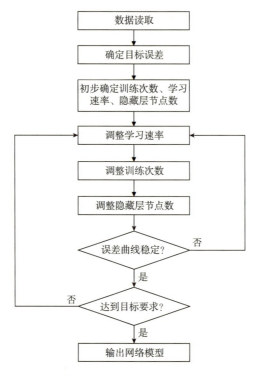

图 5.2-24 参数调整流程图

2) 模型训练效果评价

从沉管隧道接头构件智能仿真不同工况结果中提取对应沉管隧道安装监测设备位置的数据,包括结构健康监测系统 4 个测点的张合量数据、补充监测系统 2 个测点的错动位移量;提取沉管隧道接头构件止水带全环 8 个测点,剪力键提取 18 个测点;同时根据加装的摄影测量 6 个测点错动位移监测量对智能仿真模型进行试验验证。具体的测点分布如图 5.2-25 所示。

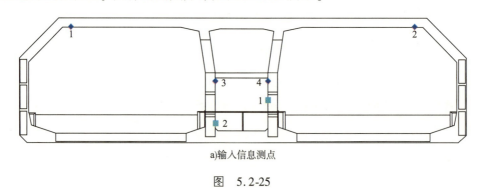

a) 输入信息测点

图 5.2-25

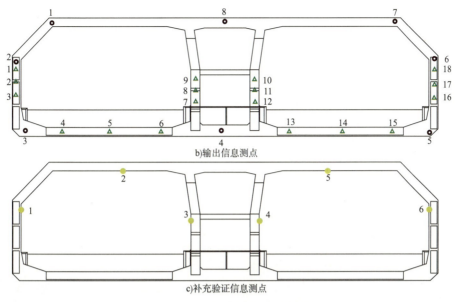

b) 输出信息测点

c) 补充验证信息测点

图 5.2-25 输入输出信息测点图

随机选择沉管隧道接头构件智能仿真数据集中 80% 的数据为训练集,剩下 20% 的数据为测试集。将训练集数据代入神经网络模型中进行参数训练,止水带训练拟合结果如图 5.2-26 所示,剪力键拟合结果如图 5.2-27 所示。由图 5.2-26 可以看出,通过调试,模型对止水带的输出预测较为精准,相关系数 R^2 平均值达到了 99.3%,符合模型精确度的要求,且均方误差都小于 0.01mm,模型能够有效精确地对止水带进行预测。模型对剪力键输出预测的 R^2 平均值为 97.02%,预测效果精确度进一步提升,对剪力键 X、Y 方向位移预测的精确度大于 95%,且其均方误差都小于 0.01mm。通过预测结果可以看出,沉管隧道接头构件智能仿真模型能够准确地对输出数据进行预测,且符合模型精确度的要求。

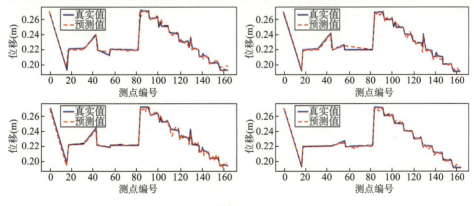

图 5.2-26

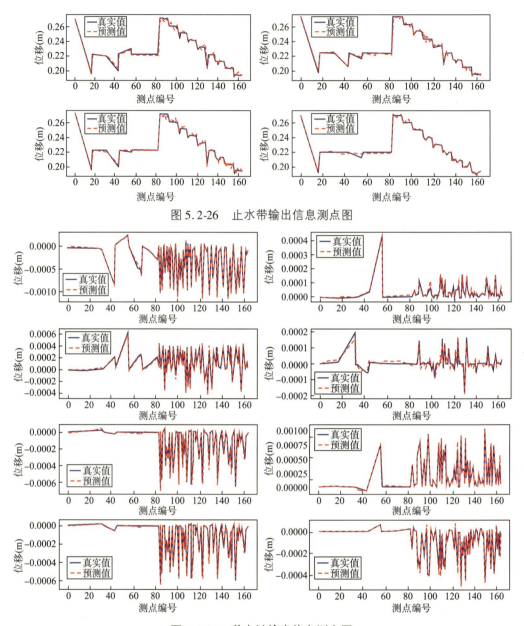

图 5.2-26 止水带输出信息测点图

图 5.2-27 剪力键输出信息测点图

将沉管隧道接头构件智能仿真数据集中训练完成的数据作为训练集,输入神经网络模型,采用测试集数据对已构建的模型进行验证以及结果评价。再将测试集数据输入模型,其推演结果与沉管隧道接头构件智能仿真中的位移结果对比如图 5.2-28 所示。

可以看出,仿真结果与模型推演结果变化趋势较为一致,两个结果的误差较小,平均误差为 0.02mm,模型结果较为准确。

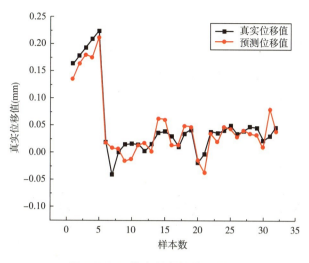

图 5.2-28　仿真值与推演值对比

3）接头变形智能推演及实测对比验证

通过模型的自检，明确了模型本身的准确性与稳定性。为了进一步将模型应用到实际工程中，通过加装的摄影测量 6 个测点错动位移监测量对智能仿真模型进行试验验证。选取监测期间 24h 内现场监测数据与摄影测量数据结果，对比不同两个测点错动位移 X 方向与 Y 方向实际监测结果与模型推演结果。对比的测点如图 5.2-29 所示。

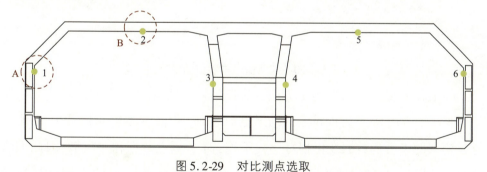

图 5.2-29　对比测点选取

将现场监测数据代入沉管隧道接头构件智能仿真模型中，通过数据推演计算，计算出图 5.2-29 中的中边墙（A 点）与顶板（B 点）位移变化状况。其对比结果如图 5.2-30 所示。

分析沉管隧道实测数据中边墙（A 测点）和顶板（B 测点）位置的变形数据，A 测点的 X 方向与 Y 方向在一天内预测值与实际值之间的误差均值分别为 0.0038mm 和 0.055mm，标准差分别为 0.0065mm 和 0.0543mm；B 测点的 X 方向

与 Y 方向在一天内预测值与实际值之间的误差均值分别为 0.0012mm 和 0.03mm，标准差分别为 0.0041mm 和 0.0813mm。

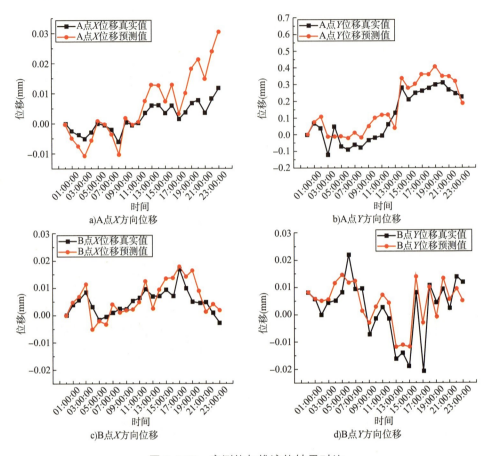

图 5.2-30　实测值与推演值结果对比

对比 A、B 测点 X 方向与 Y 方向的推演结果，可以看出两个测点的 X 方向误差精度比 Y 方向高，X 方向推演的结果更加准确。由图 5.2-30 可以看出，A 测点与 B 测点的 X 方向数据变化相对比较平稳，而 Y 测点数据相对离散，因此推演模型在进行 Y 方向上的数据演算过程中推演难度相对较大；对比 A 测点与 B 测点可以看出，智能仿真模型模拟的中边墙数据相对于顶板数据演算准确性较高；总体可以看出，沉管隧道接头构件智能仿真模型在实际应用过程中与实测数据差距较小，不同方向的误差结果均小于 0.1mm，X 方向误差更小且均小于 0.01mm。

由此可见，所构建的智能仿真模型能够准确地演算沉管隧道各部位位移变化。

5.3　沉管隧道排烟设施服役状态智能仿真

火灾事故案例表明,对人员伤害最大的是火灾产生的有毒烟气。因此及时有效控制烟雾扩散,是火灾事故应急处置的重要环节之一。火灾排烟系统是公路隧道控制火灾烟雾的重要设施。因此,结合 5.1 节中思路,对沉管隧道排烟设施的智能仿真方法进行研究。

5.3.1　排烟设施故障模式

以港珠澳大桥沉管隧道为依托进行分析。港珠澳大桥隧道左线共设置 89 组排烟阀(Ⅱ型排烟口 3 个为 1 组)。根据通风设计图纸,P1、P5 段未设置侧壁排烟阀,P2 段设置 2 组 Ⅰ 型排烟阀、25 组 Ⅱ 型排烟阀,P3 段设置 35 组 Ⅱ 型排烟阀,P4 设置 27 组 Ⅱ 型排烟阀。隧道右线侧壁排烟阀呈对称设置。

排烟阀设置于隧道侧壁。平常为关闭状态,发生火灾时,火灾自动报警系统发出火警信号,控制中心发出指令迅速打开排烟阀进行排烟;也可设置为手动打开,手动复位。当温度达到 280℃时,阀门自动关闭。

排烟阀是一个多部件的组合体,主要由阀体、叶片、挡板、连杆装置、弹簧、叶片轴、轴套、温感器和执行机构等零部件组装而成。在应用中排烟阀可按工程需求选择不同的控制方式和功能,常用的控制方式有温感器控制自动关闭、手动控制关闭或开启以及电动控制关闭或开启,在功能上有风量调节、远距离复位和阀门位置信号反馈功能供选用。为实现不同的控制方式和功能,要满足该特定型号规格产品性能要求,配置对应的零部件和相应特性的温感器和执行机构。排烟阀的执行机构由外壳、叶片调节机构、离合器、温度熔断器等组成。叶片通过执行机构中的叶片调节结构、离合器以及与温感器中的金属易熔片之间的配合来实现转动。当温感器周围温度达到易熔金属片的熔化温度时,易熔片会迅速熔断,温感器芯轴上被弹簧压缩的弹簧销钉会迅速顶下离合器的挡板,使离合器和叶片调节机构脱开,然后依靠执行机构自身的弹簧或阀体上装有的扭转弹簧,使叶片轴在扭力作用下发生转动,从而使叶片关闭。排烟阀要实现预期的阻火隔烟功能,其启闭可靠性、阀门闭合的密封性能(漏风量)以及耐火性能是重要的关键性能指标。

表5.3-1进一步总结了排烟阀常见的故障类型。可以看出,排烟阀故障存在多种原因,但总体故障现象表示为两种:一种为启闭动作卡阻(又称打不开),另一种为关不上或误开。由于日常情况下隧道侧壁排烟口的排烟阀处于关闭状态,因此排烟阀大多数可能出现的故障现象为打不开。本研究暂考虑排烟阀打不开的故障。

排烟阀常见故障类型 表5.3-1

序号	故障现象	原因分析	故障分类
1	启闭动作卡阻	管线、杂物等阻挡阀门动作	安装/维修不足
2		执行机构的控制电压偏低	系统设计缺陷
3		执行机构缺乏润滑和清洁	维修不足
4		执行机构故障:电源模块损坏、电机故障、齿轮磨损、弹簧锈蚀或疲劳失效等	产品缺陷/维修不足
5		执行机构和弹簧配置力矩偏低	产品缺陷
6		阀体或阀片锈蚀、开裂、产品缺陷/组件松脱、变形、锈蚀	产品缺陷/维修不足
7		积灰、润滑不足、轴套磨损	维修不足
8	误关	熔断片松脱、锈蚀或焊产品缺陷/接强度不够	产品缺陷/维修不足
9	误开/误关	控制电路异常	系统设计缺陷
10	开关指示异常	限位开关安装异常陷	安装/维修

侧壁集中排烟是一种将火源点附近排烟阀打开进行直接排烟的排烟方式。根据侧壁集中排烟的工作特点,远离火源点的排烟阀打不开时对排烟效果不会产生负面影响。因此,本研究考察的故障模式仅为考虑火源点附近排烟阀打不开,或打不开的排烟阀附近发生火灾时的情况。此外,根据排烟系统设计文件,隧道共分为5个区段,每个区段采用不同排烟阀打开策略。综合上述情况,确定了排烟阀可能发生故障的模式。

5.3.2 数据集构造

1) 火灾灾情分析模型构建

采用火灾动力学模拟工具(FDS)软件对隧道发生火灾时的排烟效果进行数值模拟。为减小计算量,取长度800m区域建立计算模型,模型横断面同隧道实际尺寸,如图5.3-1所示。

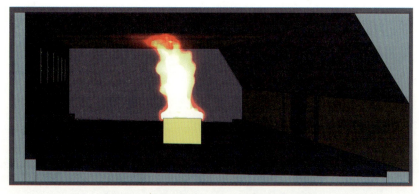

图 5.3-1　沉管隧道火灾排烟效果仿真模型

本模拟火灾规模最大值取 50MW。火灾规模增长曲线采用超快速 t^2 增长类型,则火灾热释放速率增长曲线如图5.3-2所示。

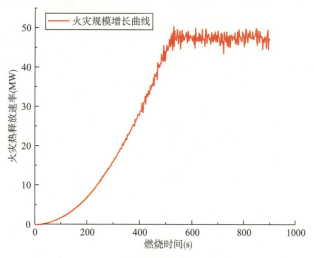

图 5.3-2　火灾规模增长速率随时间变化曲线

假定只有一辆汽车燃烧,火源面积为车辆平面积,根据对常见车辆参数的调研,50MW 火源面积为 10m×2.5m。P1 区段的火源位置为隧道纵向105m 处,P2 区段的火源位置为隧道纵向270m 处,P3 区段的火源位置为隧道纵向337m 处,

P4 区段的火源位置为隧道纵向 337m 处，P5 区段的火源位置为隧道纵向 415m 处。

2）工况设计

计算工况综合考虑原设计文件排烟策略和排烟阀故障模式，具体计算工况如表 5.3-2 ~ 表 5.3-5 所示。

P1 区段排烟阀故障工况　　　　表 5.3-2

序号	排烟口开启数量		故障排烟阀数量	排烟阀实际开启策略（下游）									火灾规模（MW）	纵向诱导风速（m/s）
	上游	下游		1号	2号	3号	4号	5号	6号	7号	8号	9号		
P1-1	0	5	0	√	√	√	√	√					50	0
P1-2	0	5	0	√	√	√	√							3
P1-3	0	5	1	1	√	√	√							
P1-4	0	5	2	2	×	√	√	√						
P1-5	0	5	3	3	×	×	√	√	√	√				
P1-6	0	5	4	4	×	×	×	√	√	√	√	√		

P2 区段防火排烟阀故障工况　　　　表 5.3-3

序号	排烟口开启数量		故障排烟阀数量	上游排烟阀实际开启				下游排烟阀实际开启								火灾规模（MW）	纵向风速（m/s）
	上游	下游		1号	2号	3号	4号	5号	6号	7号	8号	9号	10号	11号	12号		
P2-1	1	4	0													50	0
P2-2	1	4	0														2.5
P2-3	1	4	1				1										
P2-4	1	4	2				2										
P2-5	1	4	1					1									
P2-6	1	4	2					2									
P2-7	1	4	3					3									
P2-8	1	4	4					4									
P2-9	1	4	4				1	3									
P2-10	1	4	4				2	2									
P2-11	1	4	5				2	3									
P2-12	1	4	2	√	1	1	√	√	√								
P2-13	1	4	2	√	1	√	1	√	√								

续上表

序号	排烟口开启数量		故障排烟阀数量	上游排烟阀实际开启				下游排烟阀实际开启								火灾规模（MW）	纵向风速（m/s）
	上游	下游		1号	2号	3号	4号	5号	6号	7号	8号	9号	10号	11号	12号		
P2-14	1	4	3			✓	1	2	✓	✓	✓	✓				50	2.5
P2-15	1	4	3			✓	1	✓	2		✓	✓	✓				
P2-16	1	4	3			✓	1	✓		2	✓	✓	✓				
P2-17	1	4	3		✓		2	1	✓	✓	✓						
P2-18	1	4	3		✓		2	✓	1	✓	✓						
P2-19	1	4	3		✓		2	✓		1	✓						
P2-20	1	4	4		✓		1	✓	3			✓	✓	✓			
P2-21	1	4	4		✓		1	3		✓		✓	✓	✓			
P2-22	1	4	4		✓		2	✓	2	✓		✓					
P2-23	1	4	4		✓		2	✓	✓	2	✓						

P3 区段防火排烟阀故障工况　　　　　　　　　　　表 5.3-4

序号	排烟口开启数量		故障排烟阀数量	上游排烟阀实际开启				下游排烟阀实际开启								火灾规模（MW）	纵向风速（m/s）
	上游	下游		1号	2号	3号	4号	5号	6号	7号	8号	9号	10号	11号	12号		
P3-1	2	3	0														0
P3-2	2	3	0													50	1.5
P3-3	2	3	1					1									
P3-4	2	3	2					2									
P3-5	2	3	3					3									
P3-6	2	3	1						1								
P3-7	2	3	2						2								
P3-8	2	3	3						3								
P3-9	2	3	4						4								
P3-10	2	3	2					1	1								
P3-11	2	3	3					2	1								
P3-12	2	3	4					3	1								
P3-13	2	3	3					1	2								
P3-14	2	3	4					2	2								
P3-15	2	3	5					3	2								
P3-16	2	3	4					1	3								

续上表

序号	排烟口开启数量		故障排烟阀数量	上游排烟阀实际开启				下游排烟阀实际开启								火灾规模（MW）	纵向风速（m/s）
	上游	下游		1号	2号	3号	4号	5号	6号	7号	8号	9号	10号	11号	12号		
P3-17	2	3	5					2	3							50	1.5
P3-18	2	3	5					1	4								
P3-19	2	3	2			√	1	√		1	√	√					
P3-20	2	3	2				√	√	1	√	1	√					
P3-21	2	3	3	√			2	√	1	√	√	√					
P3-22	2	3	3				√	√	1	√	2	√	√				
P3-23	2	3	4			√		2	√	2	√	√					
P3-24	2	3	4			√		2	√	2	√	√					

P4 区段防火排烟阀故障工况　　表 5.3-5

序号	排烟口开启数量		故障排烟阀数量	上游排烟阀实际开启				下游排烟阀实际开启								火灾规模（MW）	纵向风速（m/s）
	上游	下游		1号	2号	3号	4号	5号	6号	7号	8号	9号	10号	11号	12号		
P4-1	2	3	0				√	√	√	√	√						0
P4-2	2	3	0														
P4-3	2	3	1			√		1	√	√							
P4-4	2	3	2			√	√		2	√	√						
P4-5	2	3	3	√	√			3	√	√							
P4-6	2	3	1				√	√	1	√	√						
P4-7	2	3	2					√	2	√	√						
P4-8	2	3	3					√	3	√	√			√			
P4-9	2	3	4					√	4				√	√		50	1.5
P4-10	2	3	2				√	√	1	√	√						
P4-11	2	3	3			√		√	2	1	√						
P4-12	2	3	4	√	√			√	3	1	√						
P4-13	2	3	3				√		2	1	√	√					
P4-14	2	3	4				√		2	2	√	√					
P4-15	2	3	5	√	√				3	√	√	√					
P4-16	2	3	4					√	1	3	√	√	√				
P4-17	2	3	5						2	3	√	√	√				
P4-18	2	3	5						1	4	√	√	√				

3)结果分析

部分仿真分析结果如图 5.3-3～图 5.3-6 所示。在后续研究中,将仿真结果作为沉管隧道排烟装置智能仿真模型的训练数据样本加以利用。

图 5.3-3　典型故障工况下隧道火灾温度分布

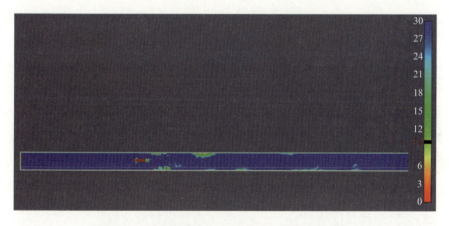

图 5.3-4　典型故障工况下隧道火灾能见度分布

图 5.3-5　典型故障工况下隧道火灾烟雾逆流情况

图 5.3-6　典型故障工况下隧道火灾烟雾蔓延情况

5.3.3 排烟设施智能仿真模型构建

根据既有研究,火灾烟气的危害主要分为两方面:一方面,烟气具有毒性,易引人窒息而亡;另一方面,会降低隧道内能见度,影响人员逃生和救援。隧道排烟的目的就是尽快使火灾烟气进入独立排烟道,防止其影响人员逃生和救援。因此,拟从排烟效率、人员疏散可用安全时间、烟气逆流长度三个方面,对排烟系统服役状态进行评估。通过FDS数值模拟,可获得三个参数。

(1)排烟效率通过一氧化碳(CO)排出效率计算获得。在FDS中无法直接计算排烟系统排烟效率,因此选取CO作为火灾烟气特征气体,通过计算CO排出效率表征系统总排烟效率。火灾烟气中CO总生产量通过燃烧方程计算求得,各排烟口CO排出量通过在计算模型中各排烟口设置的CO流量统计面求得。计算方法见式(5.3-1):

$$\eta_{total} = \frac{\sum_{i=1}^{n} m_{exi}}{m_p} \times 100\% \tag{5.3-1}$$

式中:η_{total}——排烟效率;

m_{exi}——第i个排烟口CO排出量;

m_p——CO总生成量。

(2)可用安全疏散时间(ASET)通过计算人员特征高度处的火灾烟气温度、CO浓度及能见度达到人体耐受极限指标的时间来获得。本计算中人员特征高度取离地面1.8m高,人体耐受极限指标为温度不超过60℃,能见度不小于10m。

(3)烟气逆流长度通过somkeview程序内直接测量获得。

综上所述,数据集中输入参数为火灾发生区段(根据设计文件分为5段)、排烟阀损坏数量(考虑火灾发生点附近同时损失数量不大于4个)、具体排烟阀损坏组合形式,输出参数为排烟效率、人员疏散可用安全时间、烟气逆流长度。

采用BP神经网络进行排烟设施服役状态智能仿真模型的构建。其原理和特点已在第5.2.2节进行介绍,在此不再赘述。

如图5.3-7所示,将不同类型的数据集以及标定结果进行结合,构建包含不同故障数据的数据集,并随机提取数据集结果中85%的数据划分为训练集,15%的数据作为测试集。

将训练数据集放入人工神经网络模型中进行训练。为了保证训练结果的准确性，先对这些数据进行归一化处理，该操作可以使预处理的数据被限定在一定的范围内，从而消除奇异样本数据导致的不良影响。将输入输出数据归一化至 0~1 之间，具体归一化方式见式(5.3-2)，考虑数据中存在数值为 0 的数据，所以将 0 默认输出为 1 进行归一化处理。最后将预测数据反归一化成原始数据形态，来验证预测结果的准确性。

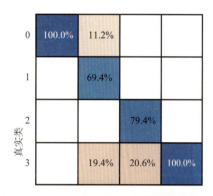

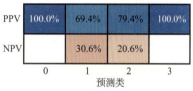

图 5.3-7　数据划分
PPV-阳性预测值；NPV-阴性预测值

$$X = \{x_n\} = \frac{x_n - x_{\min}}{x_{\max} - x_{\min}} \quad (5.3\text{-}2)$$

模型训练过程中通过误差曲线排烟效率、人员疏散可用安全时间、烟气逆流长度三个指标结果来调整人工神经网络超参数，从而获取网络模型的最优训练参数，每个网络模型超参数都将对最终网络的训练结构产生较大影响。网络模型的超参数主要有训练次数（max_epochs）、学习速率（learn_rate）、误差值（error_final）、隐藏层节点数（hidden_unit_num）等。

反复调整网络超参数来进行网络模型训练。最终训练网的网络模型在误差曲线稳定下降的前提下，对排烟效率、人员疏散可用安全时间、烟气逆流长度等指标的预测结果均能达到规定标准。

5.3.4　评估及验证

网络模型训练完成后，对训练完的模型结构及所计算出的权重值与偏置值进行保存，并利用测试集数据进行验证。将排烟设施试验数据集随机划分为训练集和测试集，其中训练集数据为 80%，测试集数据为 20%。将训练集代入沉管隧道排烟设施智能评估模型中，其数据在训练集中的表现与测试集的对比结果图 5.3-8 所示。测试集数据的各指标预测准确率均达到 97% 以上，结果表明，人工神经网络模型用于排烟服役状态研究拥有良好的表现效果。

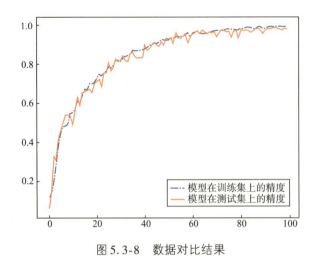

图 5.3-8　数据对比结果

5.4　沉管隧道照明系统服役状态智能仿真

照明系统的服役状态直接影响隧道交通参与人员的视觉体验,在照明条件不佳时容易引发交通事故。为此,结合第 5.1 节中思路,对沉管隧道照明系统的智能仿真方法进行研究。

5.4.1　数据集构造

1) 灯具照明分析模型构建

模型采用 DIALux4.13 专业照明软件对沉管隧道照明灯具失效情况下隧道路面的照明效果进行计算分析。模型横断面尺寸同隧道实际尺寸,隧道净空 7.25m,宽 12.75m,其中车道宽 3.75m,左右预留 0.75m 检修道。实际工程路面类型为排水性沥青路面,路面反射特性设为 R3(以漫反射为主,些许的镜面反射),路面反射率为 0.22,光泽度 S1 取 1.1,两侧壁 2.75m 以下墙面反射率设为 0.7,平均亮度系数 Q_0 为 0.07。隧道模型示意图如图 5.4-1 所示。其中基本照明采用 LED 灯两侧对称安装布置方式,灯具采用 60W LED 灯,灯具间距 4.5m。照明灯具的分布图纸如图 5.4-2 所示。

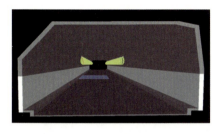 

图 5.4-1　隧道模型示意图　　　图 5.4-2　隧道灯具布设计图

根据现场实际情况,在纵向上按照入口段、过渡段 1、过渡段 2、基本段与出口段对灯具的种类及间距进行设置。

(1)入口段:长度 180m,照明灯具采用两侧对称安装布置方式,为与过渡段照明相协调过渡,采用 120W LED 灯与 250w 高压钠灯混合布置,间距 1.5m。

(2)过渡Ⅰ段:长度 117m,照明采用 LED 灯两侧对称安装布置方式,灯具采用 120W LED 灯,间距 3m。

(3)过渡Ⅱ段:长度 117m,照明采用 LED 灯两侧对称安装布置方式,灯具采用 120W LED 灯,间距 4.5m。

(4)基本段:照明采用 LED 灯两侧对称安装布置方式,灯具采用 60W LED 灯,间距 4.5m。

(5)出口段:长度 63m,照明采用 LED 灯两侧对称安装布置方式,灯具采用 120W LED 灯,间距 3m。

灯具间距为 4.5m 时,构建纵向长度为 27m、横向长度为 7.5m 的路面照度和亮度计算网格,网格计算尺寸为 30×20,其中网格内部计算点横向为 20 个,纵向为 30 个,如图 5.4-3 所示。

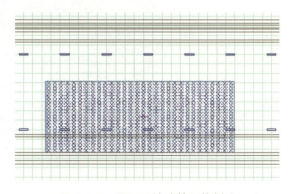

图 5.4-3　照明区域计算网格划分

2）不同光通量工况下的模拟结果

光通量指人眼所能感觉的辐射功率，等于单位时间内某一波段的辐射能量和该波段的相对视见率的乘积，直接决定了隧道内的照明效果。以下分别分析不同光通量条件下沉管隧道内部的平均亮度、亮度均匀度及纵向均匀度。

(1) 光通量为初始值的95%。

在该工况下的计算结果如图5.4-4及图5.4-5所示，结果汇总于表5.4-1。

图5.4-4　沉管隧道照明模拟结果

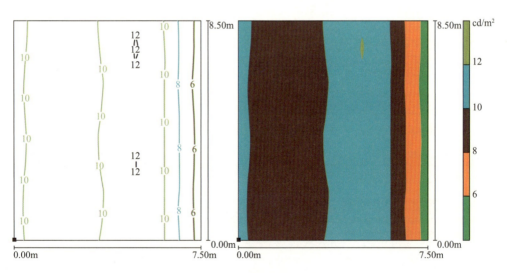

图5.4-5　检测区域亮度检测结果

光通量为95%初始值下的路面亮度结果　　　　　　　表 5.4-1

指标	平均亮度	亮度均匀度	纵向均匀度
光通量初始值	10	0.53	0.96
光通量初始值的95%	9.6	0.53	0.96
亮度下降结果	4%	—	—

（2）光通量为初始值的 90%。

在该工况下的计算结果如图 5.4-6 及图 5.4-7 所示，结果汇总于表 5.4-2。

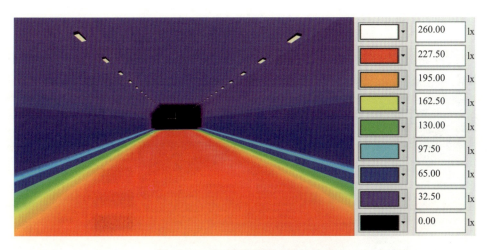

图 5.4-6　沉管隧道照明模拟结果

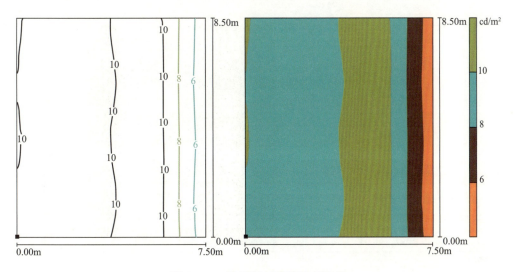

图 5.4-7　检测区域亮度检测结果

光通量为 90% 初始值下的路面亮度结果　　　　表 5.4-2

指标	平均亮度	亮度均匀度	纵向均匀度
光通量初始值	10	0.53	0.96
光通量初始值的 90%	9.09	0.53	0.96
亮度下降结果	9.1%	—	—

(3) 光通量为初始值的 85%。

在该工况下的计算结果如图 5.4-8 及图 5.4-9 所示,结果汇总于表 5.4-3。

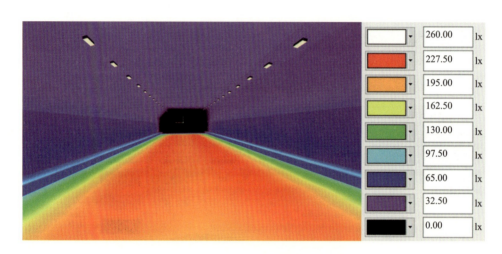

图 5.4-8　沉管隧道照明模拟结果

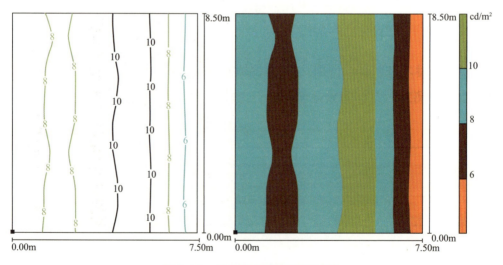

图 5.4-9　检测区域亮度检测结果

光通量为85%初始值下的路面亮度结果　　　　　　　　表5.4-3

指标	平均亮度	亮度均匀度	纵向均匀度
光通量初始值	10	0.53	0.96
光通量初始值的85%	8.59	0.53	0.96
亮度下降结果	14.1%	—	—

(4)光通量为初始值的80%。

在该工况下的计算结果如图5.4-10及图5.4-11所示,结果汇总于表5.4-4。

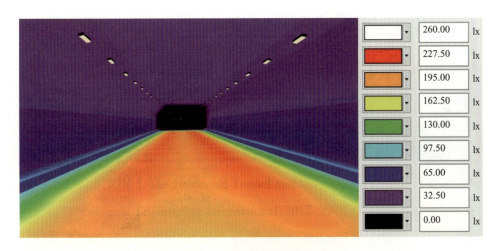

图 5.4-10　沉管隧道照明模拟结果

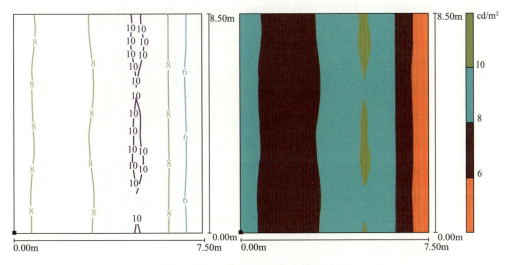

图 5.4-11　检测区域亮度检测结果

光通量为 80%初始值下的路面亮度结果   表 5.4-4

指标	平均亮度	亮度均匀度	纵向均匀度
光通量初始值	10	0.53	0.96
光通量初始值的 80%	8.08	0.53	0.96
亮度下降结果	19.2%	—	—

(5)光通量为初始值的 75%。

在该工况下的计算结果如图 5.4-12 及图 5.4-13 所示,结果汇总于表 5.4-5。

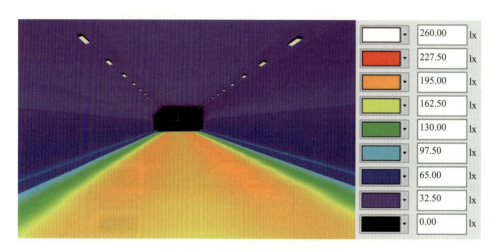

图 5.4-12　沉管隧道照明模拟结果

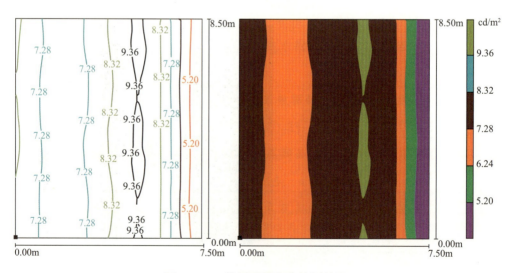

图 5.4-13　检测区域亮度检测结果

光通量为75%初始值下的路面亮度结果　　　　　　　　表5.4-5

指标	平均亮度	亮度均匀度	纵向均匀度
光通量初始值	10	0.53	0.96
光通量初始值的75%	7.56	0.53	0.96
亮度下降结果	24.4%	—	—

（6）光通量为初始值的70%。

在该工况下的计算结果如图5.4-14及图5.4-15所示，结果汇总于表5.4-6。

图5.4-14　沉管隧道照明模拟结果

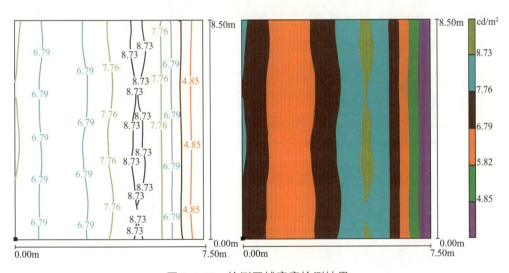

图5.4-15　检测区域亮度检测结果

光通量为 70% 初始值下的路面亮度结果　　　　　表 5.4-6

指标	平均亮度	亮度均匀度	纵向均匀度
光通量初始值	10	0.53	0.96
光通量初始值的70%	7.07	0.53	0.96
亮度下降结果	29.3%	—	—

3) 不同失效状态工况下的模拟结果

按照单灯、双灯、三灯及四灯等常见失效模式,分析不同失效部位组合条件下的沉管隧道照明效果。不同灯具失效数量的部位组合如下。

(1) 单灯失效。

单灯失效时,仅考虑道路左侧和道路右侧一盏灯具失效的情况,因灯带移动的效果,对其具体位置不做要求。图 5.4-16 和图 5.4-17 展示了道路灯具失效位置,图中黑色部分为失效灯具。

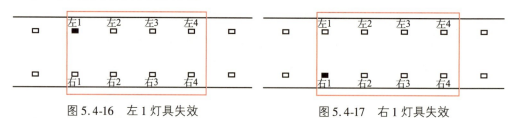

图 5.4-16　左 1 灯具失效　　　　　图 5.4-17　右 1 灯具失效

(2) 双灯失效。

双灯失效时,考虑道路左侧及道路右侧灯具失效造成的暗条纹对位于左、右车道行驶的驾驶员行车视觉的视认效果不同,故需分别对其进行试验设计。道路灯具失效位置如图 5.4-18 ~ 图 5.4-24 所示。

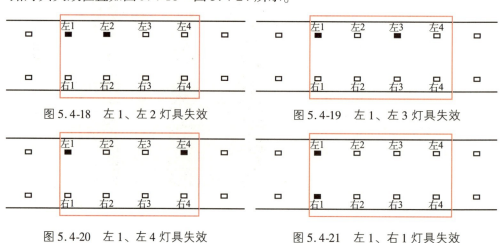

图 5.4-18　左 1、左 2 灯具失效　　　　　图 5.4-19　左 1、左 3 灯具失效

图 5.4-20　左 1、左 4 灯具失效　　　　　图 5.4-21　左 1、右 1 灯具失效

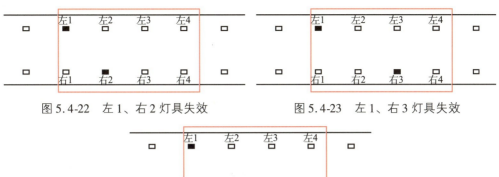

图 5.4-22　左 1、右 2 灯具失效　　　　图 5.4-23　左 1、右 3 灯具失效

图 5.4-24　左 1、右 4 灯具失效

(3) 三灯失效。

三灯失效时,考虑道路左侧及道路右侧灯具失效时造成的暗条纹效果不同,故需分别对其进行试验设计。道路灯具失效位置如图 5.4-25～图 5.4-27 所示。

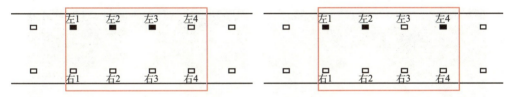

图 5.4-25　左 1、左 2、左 3 灯具失效　　　　图 5.4-26　左 1、左 2、左 4 灯具失效

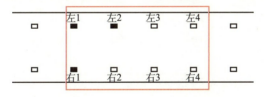

图 5.4-27　左 1、左 2、右 1 灯具失效

(4) 四灯失效。

四灯同时失效的情况在实际中很少见,故试验仅考虑最不利情况下的影响。考虑道路左侧及道路右侧灯具失效时造成的暗条纹效果不同,故需分别对其进行试验设计。道路灯具失效位置如图 5.4-28～图 5.4-30 所示。

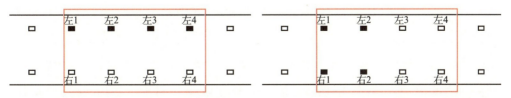

图 5.4-28　左 1、左 2、左 3、左 4 灯具失效　　　　图 5.4-29　左 1、左 2、右 1、右 2 灯具失效

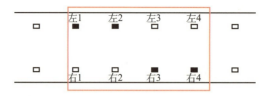

图 5.4-30　左 1、左 2、右 3、右 4 灯具失效

典型区段仿真分析结果如图 5.4-31 ~ 图 5.4-34 所示。

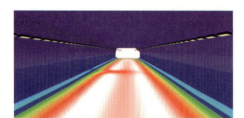

图 5.4-31　入口段左侧单灯失效时路面伪色图

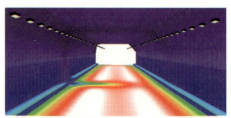

图 5.4-32　过渡段 1 左 1、2 灯具失效时路面伪色图

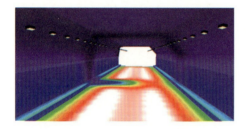

图 5.4-33　过渡段 2 左 1、2、3 灯具失效时路面伪色图

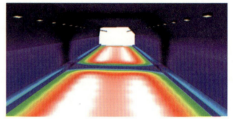

图 5.4-34　基本段左 1、2 和右 1、2 灯具失效时路面伪色图

5.4.2　照明系统智能仿真模型构建

1）模型构建

由于照明设施性能衰损是长时间、缓慢的演变过程，其运行状态具有时间依赖性，本时刻的运行状态不仅与历史运行情况有复杂的相关性，同时会对下一时刻设备的使用性能起决定性影响，因此可将实时的监测数据视为时间序列数据，使用循环神经网络（RNN）对设备的剩余寿命进行预测。但是，由于设备监测序列过长，导致预测模型权值矩阵的梯度在反向传播过程中会出现梯度消失或爆炸现象。针对该问题提出了一些有效的解决方法，即采用 RNN 的一个优秀变种——长短时记忆网络（LSTM）可以克服长期依赖的问题。LSTM 被广泛应用于预测模型的构建，LSTM 循环神经单元基本结构如图 5.4-35 所示。

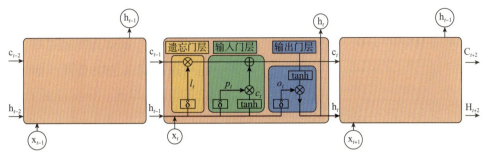

图 5.4-35 LSTM 循环神经单元基本结构示意图

LSTM 本质上是 RNN 的一种变体,相较而言能够更好地利用历史监测数据实现对时序数据长期依赖关系的建模和分析。LSTM 与 RNN 在神经网络的整体结构和训练的参数上基本是类似的,主要的区别是 LSTM 除在设置短期记忆状态控制单元外还添加了储存长期记忆状态的控制单元。短期记忆状态在神经元不同时刻变化较大,主要存储的是短期记忆信息;而长期记忆状态主要存储长期依赖信息,其更新速度也相应更慢。

重点搭建基于 LSTM 的隧道照明设施服役性能评估模型,表 5.4-7 详细介绍了模型结构和预测流程。

评估模型的构建　　表 5.4-7

输入:沉管隧道照明设施状态监测数据集;输入样本数 n;误差函数 E;计算精度 ε;最大学习次数 M
输出:沉管隧道照明设施性能评估结果
①模型训练过程: for $i=1$ to M or $E>\varepsilon$,重复执行步骤 a～e: a. LSTM 网络结构的设计和参数初始化过程,设置网络层数和每层网络神经元的节点数,并给各连接权重和偏置分别赋一个(0,1)之间的随机数; b. 将沉管隧道照明设施状态监测数据集作为网络的输入,依次分别计算各层隐藏层和输出层的输出值; c. 根据误差函数 E 来计算总误差,如果 $E<\varepsilon$,则跳出循环,否则进行步骤 d; d. 利用梯度下降策略对各层输出层和隐藏层单元的权重和偏置值进行更新; e. 返回步骤 d,开始下一个循环; f. 迭代结束,得到最优的训练参数,形成沉管隧道照明设施服役状态评估模型。 ②模型评估过程: a. 对沉管隧道照明设施服役状态评估模型的参数进行初始化,初始化值为最终的训练参数; b. 将沉管隧道监控系统或智能巡检机器人数据输入到训练完成的模型中; c. 输出结果即为最终的沉管隧道照明设施服役状态评估结果

2) 参数调试

神经网络常用均方误差(MSE)或平均绝对误差(MAE)作为损失函数,但由于 MSE 对异常值较为敏感,处理异常值可能会导致实际数据欠缺完整性,因此本文采用 MAE 作为损失函数。

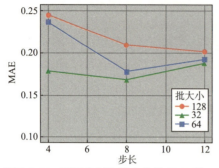

图 5.4-36 不同步长和批大小的 MAE 值

在构建照明设施性能衰损评估模型时,需要开展模型寻优。分别设置 LSTM 的样本量(samples)、时间步长(time_steps)和批大小(batch_size)等相关参数,建立不同步长和不同批大小的 LSTM 评估模型,并利用 MAE 进行验证,其结果如图 5.4-36 所示。

可以看出,在时间步长不变的情况下,随着数据批大小的增加,MAE 值逐步上升;而当数据批大小不变,随着时间步长的增加,MAE 值先增加后减小。为了能获得更加精确的数据模型,本文选取时间步长 8、批大小 32 作为模型的参数。

隐藏层数和节点数都是 LSTM 的关键参数,选取合适隐藏层参数能够提高数据结果的精度。分别设置 1、2、3 种隐藏层,5、15、20、25 种隐藏层节点数的神经网络模型进行模型寻优,设置迭代次数为 100 次。不同参数下的 MAE 值如图 5.4-37 所示。

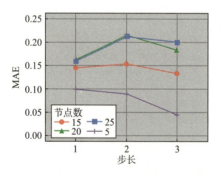 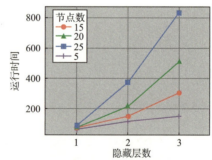

图 5.4-37 不同隐藏层参数下 MAE 值

可以看出,隐藏层为 3、隐藏节点为 5 时评估的误差最小。在网络层数不变的情况下,增加节点数量,MAE 值逐渐增大;在节点数量不变的情况下,增加隐藏层数,MAE 值逐渐减小,但是增加隐藏层数量会导致训练和评估时间增加。因此,在考虑模型准确率的前提下降低模型的运行时间,最终选取隐藏层数为 2、隐藏层节点数为 5 的基础参数构建评估模型。

对于优化器的选择,本文分析对比了 Adagrad、Adadelta、RMSprop 和 Adam 两种类型,设置步长为 50,训练结果如图 5.4-38 所示。

由图 5.4-38 可知,随着迭代次数的增加,各优化器下 LSTm 模型的损失函数不断下降,其中 Adam 和 RMSprop 的损失函数下降得最快。在迭代 50 次时,优化器采用 Adam 的模型损失函数为 0.0416,为最低。因此采用 Adam 作为优化器。

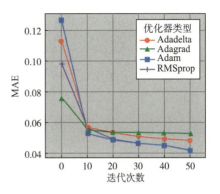

图 5.4-38 不同优化器下 MAE 值

5.4.3 评估及验证

将照明设施试验数据集随机划分为训练集和测试集,其中训练集数据占 80%,测试集数据占 20%。将训练集代入沉管隧道行车安全评估模型中,其误差函数值、训练集与测试集对比结果如图 5.4-39 和图 5.4-40 所示。

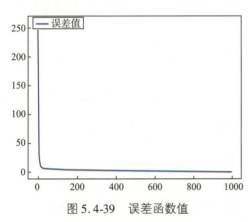

图 5.4-39 误差函数值

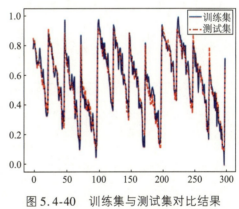

图 5.4-40 训练集与测试集对比结果

可以看出,算法迭代过程中,在迭代的前 26 次,模型的误差值迅速下降;后续迭代过程中误差值平稳下降,逐渐下降接近于 0,模型拟合过程逐步收敛。训练拟合结果中训练集与测试集数据的变化趋势一致,其误差值相对较小,说明模型预测结果较好。

为了保证沉管隧道行车安全评估模型的准确性,本文再采用随机森林(RF)、RNN 模型,与 LSTM 模型结果进行对比,其参数设置见表 5.4-8。

模型参数设置结果   表5.4-8

模型	RF	RNN	LSTM
参数设置	n_estimators = 500 max_depth = 25 min_samples_leaf = 6 min_samples_split = 10 max_features = 'sqrt'	time_steps = 8 batch_size = 32 loss = MAE optimizer = Adam Number of hidden layers = 2 Number of hidden layer nodes = 5	time_steps = 8 batch_size = 32 loss = MAE optimizer = Adam Number of hidden layers = 2 Number of hidden layer nodes = 5

分别将测试数据代入 RF、RNN 模型中,对比不同模型计算结果如图 5.4-41 和图 5.4-42 所示,其均方根差 RMSE、相关系数 R^2 及运行时间结果见表 5.4-9。

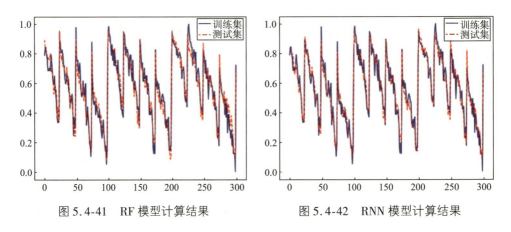

图 5.4-41　RF 模型计算结果　　　　图 5.4-42　RNN 模型计算结果

不同模型计算结果对比   表5.4-9

模型	RMSE	R^2	运行时间(s)
RF	7.563	0.89	27.42
RNN	2.581	0.91	33.24
LSTM	1.029	0.95	47.81

可以看出,与 RF、RNN 模型相比,LSTM 模型能够更加有效地对沉管隧道行车安全进行评估,其均方根差相对较小、相关系数较高且已达95%,说明在数据预测过程中,LSTM 模型的测试值更加趋近于训练集值;LSTM 模型运行时间相较于其他模型运行时间更长,但都在 1min 之内,模型预测时间完全满足隧道行车安全日常评估的需求。

5.5 本章小结

本章重点围绕沉管隧道土建结构及关键机电设施的智能仿真技术开展,主要结论如下:

(1)针对监/检测能力与安全限制所带来的时空盲区,率先创建了"感测有限,而推演全貌"的服役状态感知理念,构建了沉管隧道接头结构综合服役行为特征海量知识库。在此基础上,提出了数据-知识耦合的沉管隧道结构智能仿真方法,基于BP神经网络建立了管节接头全断面止水带与剪力键位移变化智能推演模型,以现场监测数据为驱动完成了推演模型的可靠性验证,实现了沉管隧道接头结构服役期关键表征指标的全覆盖。

(2)通过FDS数值模拟计算,从排烟效率、人员疏散可用安全时间、烟气逆流长度三个方面对排烟阀故障模式下的系统性能进行评估。为在运营过程中快速评估系统服役性能,基于神经网络算法,建立了排烟阀故障情形下排烟系统性能服役状态智能仿真模型,实现了排烟设施故障行为的识别与溯源。

(3)对不同性能与失效状态下照明设施对隧道路面的光环境进行仿真分析,分析了不同性能状态下路面平均亮度、平均均匀度与纵向均匀度的变化规律,结合不同灯具失效组合下路面亮度环境的变化研究,构建了照明系统智能仿真模型,实现了面向行车安全管控的沉管隧道照明设施服役状态智能推演。

CHAPTER 6 | 第 6 章

沉管隧道服役状态综合评估平台

为实现沉管隧道的在线评估与预警，本章在前文研究的基础上，开展了沉管隧道服役状态感知与评估技术的应用方法研究。沉管隧道建设规模大、难度高，运营环境复杂，对运维管理技术要求高，因此需要开发一种综合评估平台来提高运维精度与效率，以改善设施的服役性能和寿命，同时降低运维成本、保障运行安全。

本章结合港珠澳大桥海底沉管隧道的工程特征及服役需求，围绕沉管隧道的标准化、动态化和智能化的服役状态管控，从需求分析、平台架构设计、细部设计及平台实施与部署等方面，开展沉管隧道服役状态综合评估平台的研发。

6.1 需求分析

平台可以实时采集沉管隧道内各类监测数据，并通过沉管隧道内的自组网络将这些数据传送至监控中心服务器。再根据现场采集的监测数据，结合沉管隧道服役状态综合评估、智能仿真技术的相关研究成果，进行沉管隧道服役状态的在线评估与预警。最后将评估与预警结果通过前端可视化平台界面进行实时展示。

6.1.1 功能需求分析

平台将提供系统管理功能，包括角色管理和用户管理；项目管理功能，包括项目信息和单位工程；服役状态评估与分级预警功能，包括隧道内监测模块和隧道总体评估，并通过图形化展示实时统计和显示沉管隧道的服役状态、评估等级、预警信息以及监测数据。

6.1.2 性能需求分析

平台根据输入数据的类型(字符串和浮点数)进行相应的精度处理；操作方式灵活多样，可以同时使用鼠标和键盘操作或者分开单独使用；具备数据保护功能，防止数据更改不完全，对原始数据造成破坏；需要考虑高并发响应能力，能够同时处理多个请求并支持多个用户终端同时访问接口或 URL 地址。

6.1.3 其他要求

平台风格简便,方便用户使用;在保证用户身份真实可信的前提下,提供可信的授权管理服务,实现有效的用户管理和访问控制,确保信息系统数据的安全性;系统采用模块化设计和非直接耦合,保证改变某个模块的同时不影响其他模块,从而实现更高的可维护性。

6.2 平台架构设计

6.2.1 设计原则

沉管隧道服役状态评估综合平台的设计原则包括实用性、先进性、标准化、适用性、可靠性、安全性和多业务性。平台应以实用性为首要考虑,采用符合标准的、先进的、成熟的技术完善开发平台,并具备统一的标准化解决方案和良好的可扩展性。平台还应保证 7×24h 可靠运行,具备安全审计机制,对外部攻击具备一定的检测和防御能力。另外,平台需要支持多用户和多业务需求,保证数据调度和业务隔离,实现多种业务同时运行。

6.2.2 平台技术架构

沉管隧道服役状态综合评估平台采用主流 B/S 架构方式来实现,减少单机部署和维护成本,提高可用性。服务器端的开发主要采用 Django 框架进行平台后端框架设计,使用 Python 语言进行开发,数据库采用 MySQL 实现数据存储与读取,维护和升级方式简单,投入成本低,平台只需开发服务器端程序,后期运行维护只需在服务器上进行。同时,B/S 采用模块化结构,便于后期的功能扩展,具有良好的可伸缩性和扩展性。客户端不再和数据库服务器直接相连,减少了数据库的访问接口数量,从而保证了数据的安全性和保密性。B/S 架构如图 6.2-1 所示。

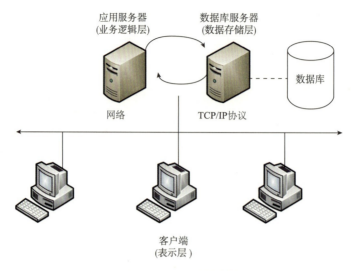

图 6.2-1　B/S 架构图

沉管隧道服役状态评估综合平台结合目前主流的 Web 前端与后端分离模式进行开发。对于前端开发技术主要采用 HTML5 语言进行开发;后端主要采用 Django 框架,使用 Python 语言进行服务器后端框架的开发;数据库采用 MySQL 进行数据存储与读取。平台具有如下特点:

(1) 利用大数据分析、处理,准确评估沉管隧道服役状态。

(2) 针对结构、设施服役状态实时预警,为业主最大化减少经济财产损失。

(3) 动态评估沉管隧道实时服役状态等级。

(4) 实时获取多元沉管隧道监测数据及第三方平台管养监测、结构监测等数据。

(5) Web 架构扩展性强,结构可扩展,平台功能可扩展,代码可扩展。

(6) 运算性能高,信息系统集成性强。

6.2.3　应用体系架构

将整个平台应用体系划分为 3 部分,分别为隧道内监测系统、数据分析与处理的服务端以及业务管理与数据可视的应用端。体系框架如图 6.2-2 所示。

1) 隧道内监测系统

隧道内监测系统由现场安装的沉管管节监测系统、隧道机电设施监测系统等组成,负责获取沉管隧道结构监测及机电设施监测数据,并结合物联网传输技术,将现场监测数据传输至服务端,由服务端进行数据分析与预警。

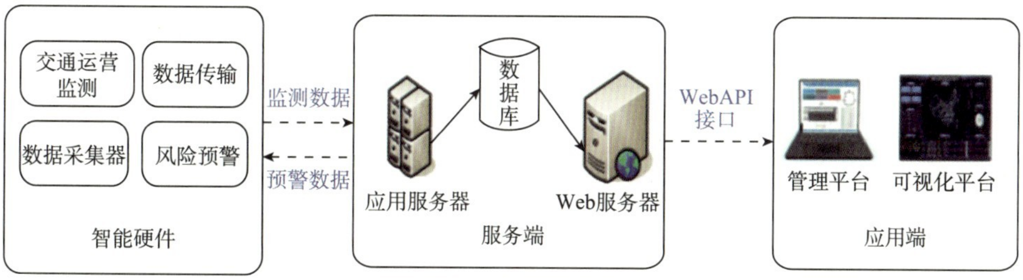

图 6.2-2　应用体系架构

2) 服务端

服务端负责接收由沉管隧道内监测系统上传的监测数据以及第三方平台数据,基于现场采集的监测数据以及前面开展的沉管隧道服役状态评估方法研究技术成果,实时评估沉管隧道服役状况等级,进行动态评估预警,通过前端可视化平台界面进行实时展示,从而起到实时评估与预警沉管隧道安全的作用。服务端作为整个平台数据处理及分析的核心,为了做到 24h 无人值守、有效保证数据传输的稳定可靠性,系统采用 B/S 应用架构,服务端后端采用 Django 框架,数据库采用 MySQL,服务端以 WebAPI 的方式与外部系统进行数据交互。

3) 应用端

应用端主要实现用户交互、业务逻辑、数据统计查询及数据可视化四大功能。

6.2.4　平台硬件环境部署

沉管隧道服役状态综合评估平台主要进行沉管隧道结构、机电设施实时监测数据、人工巡检数据的获取与存储,用于对沉管隧道进行实时监测。实时监测数据每 5min 采集一次,包括机电设施监测数据、沉管段结构监测数据、敞开段结构监测数据、暗埋段结构监测数据等。由于监测周期长、监测指标多、数据量大、运算复杂,为保证数据处理效率,需建立工业级服务器组成计算机集群,使内部结点相互协调,以完成高可用性、负载均衡、数据量巨大的计算工作。计算机群对隧道实时监测数据与沉管隧道服役状况进行信息处理,为沉管隧道服役状态评估平台提供数据基础。

6.3 平台细部设计

沉管隧道服役状态评估综合平台主要包括 6 层结构：用户层、应用层、接口层、服务层、数据层、设备层，如图 6.3-1 所示。

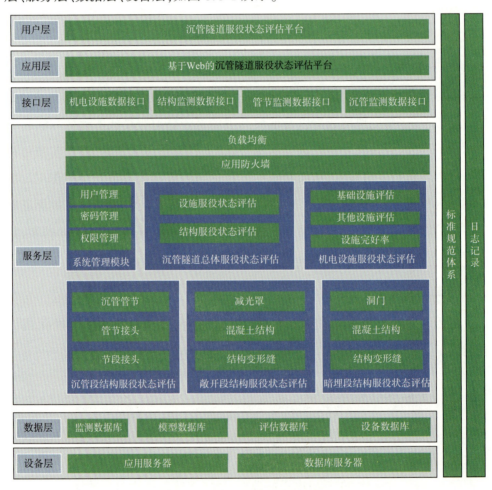

图 6.3-1　平台整体框架示意图

6.3.1 数据库详细设计

平台采用 MySQL5.7 作为数据库管理系统。其中沉管隧道服役状态评估平台数据库主要包括系统管理、结构健康监测、机电设施服役状态评估、沉管段结构服役状态评估、敞开段结构服役状态评估、暗埋段结构服役状态评估、沉管隧道总体服役状态评估、历史数据管理等涉及的业务表、数据表的设计,以及各个业务之间逻辑结构与数据表的对应关系的设计,其中包含基础数据设计、信息分类设计、要素分类编码设计、逻辑结构设计等数据库设计方法。

沉管隧道服役状态评估平台在实时采集沉管隧道监测数据的基础上,通过数据库技术、数据分析及风险识别、评估及预警模型实现沉管隧道的实时动态评估。平台在数据接口设计上主要分为用户接口、外部接口和内部接口,其中外部接口主要包括视频监测数据实时采集接口,内部接口主要包括各个业务模块间数据调用接口及各个业务功能接口。

6.3.2 数据接口设计

在用户界面部分,根据需求分析的结果,用户需要一个比较友善的界面。在界面设计上,应做到简单明了、易于操作,并且要注意界面的布局,外观上也要做到合理化。用户接口统一采用 Web 浏览器方式,主要采用图形接口和命令接口方式,用户可以点击界面的按钮、菜单、对话框等图形接口元素对数据进行操作和在文本框输入命令的方式查询信息。

平台数据接口在设计上采用了 Django REST framework 框架构建 WebAPI 接口。Django REST framework 是用于构建 Web API 的强大而灵活的工具包,具有认证策略包括 OAuth1a 和 OAuth2 的包、可将复杂的数据结构变成 JSON(JS 对家简谱)或 XML(可标记扩展语言)格式、支持 ORM(对象关系映射)和非 ORM 数据源的序列化等,针对接口的定义包括接口请求地址、请求方式、请求参数、数据返回结构、返回码等。在请求数据接口后,被请求方应根据平台数据接口定义好的公共数据返回方式进行相应的数据返回。

6.4 平台实施与部署

基于沉管隧道服役状态评估业务需求分析,结合沉管隧道服役状态评估与数据大平台接口对接要求,平台将采用目前主流采 B/S 架构方式来实现平台开发，从而减少单机部署和维护成本，提高用户可用性。结合沉管隧道服役状态评估平台数据接口业务需求，平台采用标准 WebAPI 数据接口方式完成评价模型数据接口的平台架构搭建，实现对沉管隧道机电设施服役状态评估信息元、沉管隧道结构状态评估信息元、沉管隧道服役状态总体评估信息元等评价模型数据接口架构设计。

沉管隧道服役状态评价模型主要包括数据采集层与评价模型两个部分，其中数据采集层主要包括隧道土建结构状态监/检测数据，机电设施服役状态监/检测数据，以及照明、环境、排烟等监/检测数据。评价模型提供评价数据接口，供第三方平台调用。

数据存储与读取平台整体架构如图 6.4-1 所示。

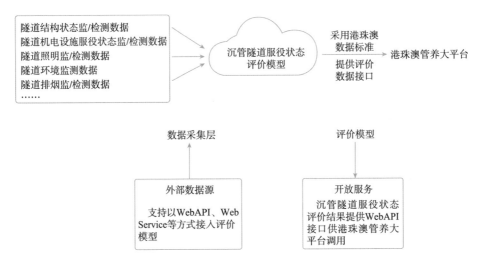

图 6.4-1 平台整体架构

6.4.1 沉管隧道总体服役状态评估

沉管隧道总体服役状态评估通过可视化界面对沉管隧道总体技术状况、隧道土建结构技术状况、交通工程与附属设施技术状况进行评估，同时针对隧道土建结构采用可视化隧道模型将沉管隧道分为衔接段、沉管段两部分，其中衔接段包括东衔接段、西衔接段，沉管段包括 T1~T33 管节及 T29、T30 最终接头；交通工程与附属设施主要包括供配电设施、照明设施、通风设施、监控管理设施、给排水设施、无线通信设施、有线通信设施、消防设施、智能监测设施等评估。评定首页见图 6.4-2。

图 6.4-2　沉管隧道总体服役状态评估首页

6.4.2　隧道土建结构服役状态评估

隧道土建结构服役状态评估包括衔接段与沉管段两部分,其中衔接段主要面向主体结构、结构变形缝、附属结构;沉管段主要面向主体结构、附属结构、接头结构。土建结构服役状态评估截图如图 6.4-3 所示。

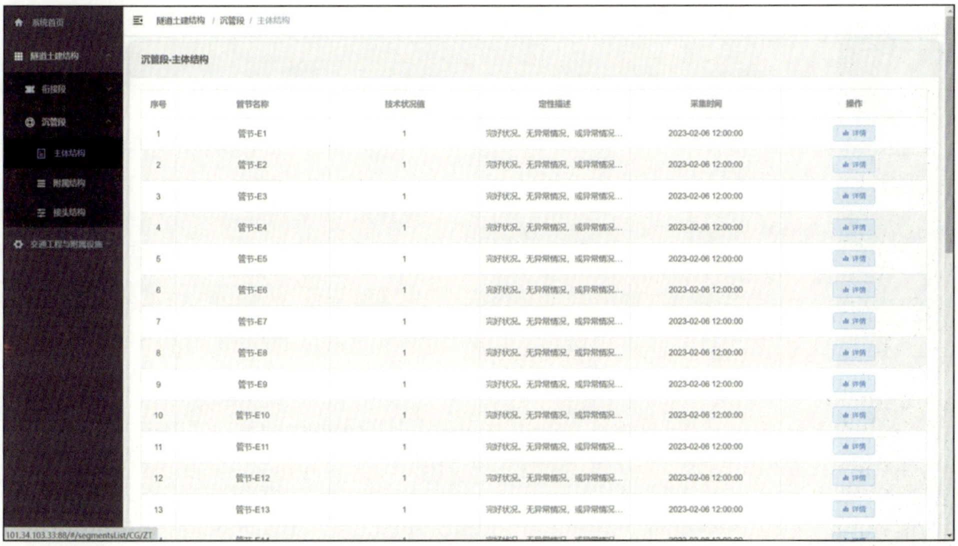

图 6.4-3　隧道土建结构服役状态评估截图

1）土建结构技术状况评定

沉管隧道土建结构主要由东西衔接段、33个管节段组成。沉管隧道管节技术状况评定对象主要包括节段、节段接头、管节接头。该模块提供了各个管节土建结构技术状况值、评定时间、历史技术状况值及统计曲线等，截图见图 6.4-4、图 6.4-5。

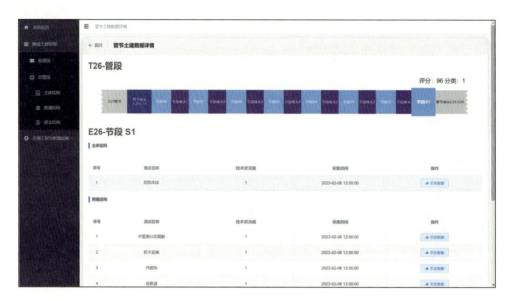

图 6.4-4　沉管隧道管节技术状况评定

图 6.4-5　技术状况评定历史数据及统计曲线

2）土建结构适应性评定

沉管隧道土建结构适应性评定主要通过健康监测系统对隧道管节接头监测，包括管节接头止水带系统、剪力键监测。评估系统实时采集监测数据，结合管节接头技术状况智能评定方法，对管节接头（包括止水带系统及剪力键）进行适应性评定。

止水带系统适应性评定主要依据接头截面的 4 个健康监测点位，再经过本项目专题研究得到的智能评估模型，可实现对接头截面 8 个止水带监测点位的监测数据演算。截图见图 6.4-6。

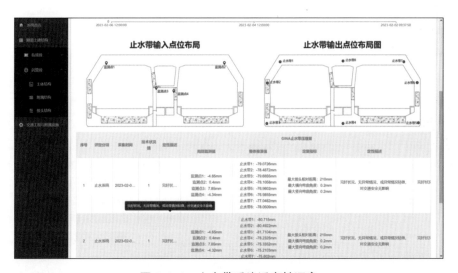

图 6.4-6　止水带系统适应性评定

剪力键适应性评定主要依据接头截面的 6 个位移监测点位，再经过本项目专题研究得到的智能评估模型，可实现对接头截面 18 个剪力键监测点位的监测数据演算。截图见图 6.4-7。

6.4.3　交通工程与附属设施服役状态评估

交通工程与附属设施服役状态评估主要包括供配电设施、照明设施、通风设施、监控管理设施、给排水设施、无线通信设施、有线通信设施、消防设施、智能监测设施共 9 项。

1）供配电设施

供配电设施技术状况评定主要包括配电箱、插座箱、控制箱、防雷装置、接地装置的技术状况评定，见图 6.4-8。

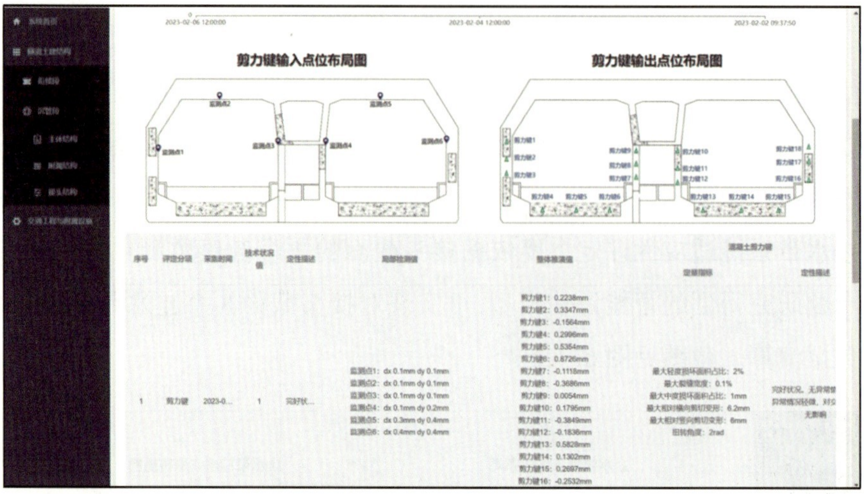

图 6.4-7　剪力键系统适应性评定

交通工程与附属设施 / 供配电设施

机电数据-供配电设施

序号	设备名称	技术状况值	完好率（%）	定量指标值	定性描述	采集时间	操作
1	配电箱	1	100	123	-	2023-02-06 12:00:00	编辑定量指标值 编辑定性描述 历史数据
2	插座箱	1	100	2	-	2023-02-06 12:00:00	编辑定量指标值 编辑定性描述 历史数据
3	控制箱	1	100	1	-	2023-02-06 12:00:00	编辑定量指标值 编辑定性描述 历史数据
4	防雷装置	1	100	1	-	2023-02-06 12:00:00	编辑定量指标值 编辑定性描述 历史数据
5	接地装置	1	100	1	-	2023-02-06 12:00:00	编辑定量指标值 编辑定性描述 历史数据

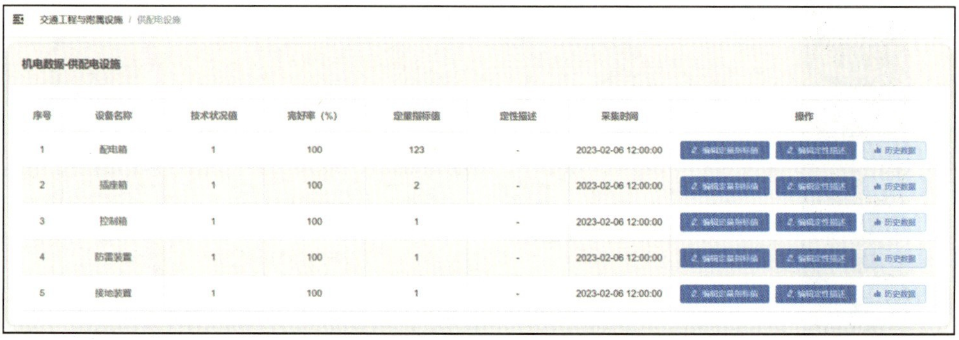

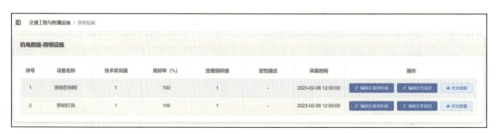

图 6.4-8　供配电设施技术状况评定

2）照明设施

照明设施技术状况评定主要包括照明控制柜、照明灯具的技术状况评定，见图 6.4-9。其中照明灯具可按照明回路、行车安全系数进行技术状况值评定，见图 6.4-10。

交通工程与附属设施 / 照明设施

机电数据-照明设施

序号	设备名称	技术状况值	完好率（%）	定量指标值	定性描述	采集时间	操作
1	照明控制柜	1	100	1	-	2023-02-06 12:00:00	编辑定量指标值 编辑定性描述 历史数据
2	照明灯具	1	100	1	-	2023-02-06 12:00:00	编辑定量指标值 编辑定性描述 历史数据

图 6.4-9　照明设施技术状况评定

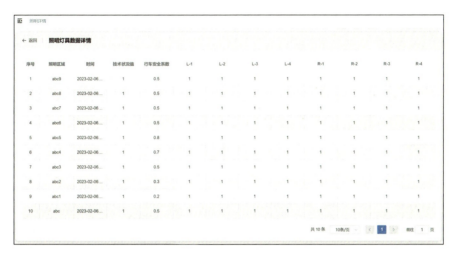

图 6.4-10 照明灯具技术状况评定

3）通风设施

通风设施技术状况评定主要包括控制箱、轴流风机、射流风机、排烟阀的技术状况评定，见图 6.4-11。其中排烟阀可按故障区域、故障数量进行技术状况值评定，见图 6.4-12。

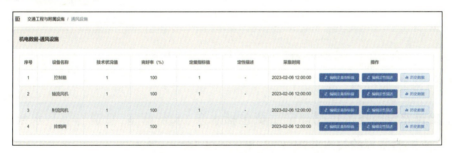

图 6.4-11 通风设施技术状况评定

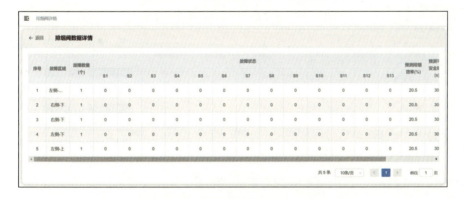

图 6.4-12 排烟阀技术状况评定

4)监控管理设施

监控管理设施技术状况评定主要包括亮度检测器、能见度检测器、CO 检测器、风速风向检测器、车辆检测器、摄像机等的技术状况评定，见图 6.4-13。

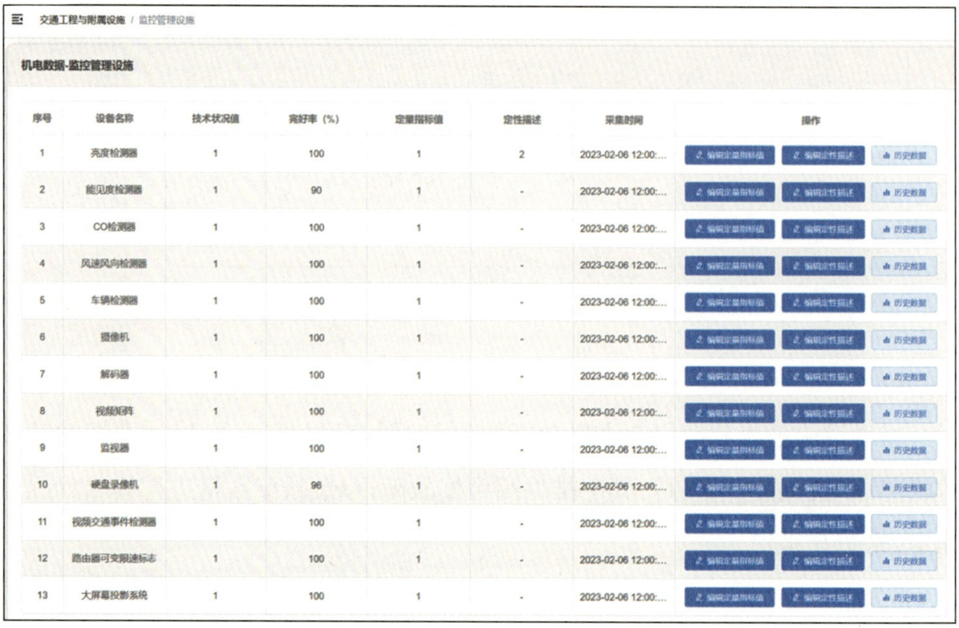
交通工程与附属设施 / 监控管理设施

机电数据-监控管理设施

序号	设备名称	技术状况值	完好率（%）	定量指标值	定性描述	采集时间	操作
1	亮度检测器	1	100	1	2	2023-02-06 12:00:...	编辑定量指标值 编辑定性描述 历史数据
2	能见度检测器	1	90	1	-	2023-02-06 12:00:...	编辑定量指标值 编辑定性描述 历史数据
3	CO检测器	1	100	1	-	2023-02-06 12:00:...	编辑定量指标值 编辑定性描述 历史数据
4	风速风向检测器	1	100	1	-	2023-02-06 12:00:...	编辑定量指标值 编辑定性描述 历史数据
5	车辆检测器	1	100	1	-	2023-02-06 12:00:...	编辑定量指标值 编辑定性描述 历史数据
6	摄像机	1	100	1	-	2023-02-06 12:00:...	编辑定量指标值 编辑定性描述 历史数据
7	解码器	1	100	1	-	2023-02-06 12:00:...	编辑定量指标值 编辑定性描述 历史数据
8	视频矩阵	1	100	1	-	2023-02-06 12:00:...	编辑定量指标值 编辑定性描述 历史数据
9	监视器	1	100	1	-	2023-02-06 12:00:...	编辑定量指标值 编辑定性描述 历史数据
10	硬盘录像机	1	96	1	-	2023-02-06 12:00:...	编辑定量指标值 编辑定性描述 历史数据
11	视频交通事件检测器	1	100	1	-	2023-02-06 12:00:...	编辑定量指标值 编辑定性描述 历史数据
12	路由器可变限速标志	1	100	1	-	2023-02-06 12:00:...	编辑定量指标值 编辑定性描述 历史数据
13	大屏幕投影系统	1	100	1	-	2023-02-06 12:00:...	编辑定量指标值 编辑定性描述 历史数据

图 6.4-13　监控管理设施技术状况评定

5)给排水设施

给排水设施技术状况评定主要包括水泵、水泵基座、管道、阀门、水泵耦合器、液位检测器等的技术状况评定，见图 6.4-14。

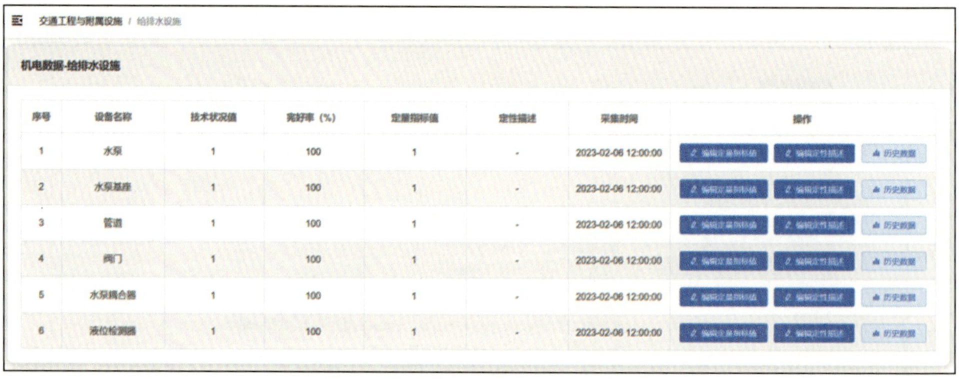
交通工程与附属设施 / 给排水设施

机电数据-给排水设施

序号	设备名称	技术状况值	完好率（%）	定量指标值	定性描述	采集时间	操作
1	水泵	1	100	1	-	2023-02-06 12:00:00	编辑定量指标值 编辑定性描述 历史数据
2	水泵基座	1	100	1	-	2023-02-06 12:00:00	编辑定量指标值 编辑定性描述 历史数据
3	管道	1	100	1	-	2023-02-06 12:00:00	编辑定量指标值 编辑定性描述 历史数据
4	阀门	1	100	1	-	2023-02-06 12:00:00	编辑定量指标值 编辑定性描述 历史数据
5	水泵耦合器	1	100	1	-	2023-02-06 12:00:00	编辑定量指标值 编辑定性描述 历史数据
6	液位检测器	1	100	1	-	2023-02-06 12:00:00	编辑定量指标值 编辑定性描述 历史数据

图 6.4-14　给排水设施技术状况评定

6)无线通信设施

无线通信设施技术状况评定主要包括泄漏电缆、射频电缆、合路器、通信远端机等的技术状况评定,见图 6.4-15。

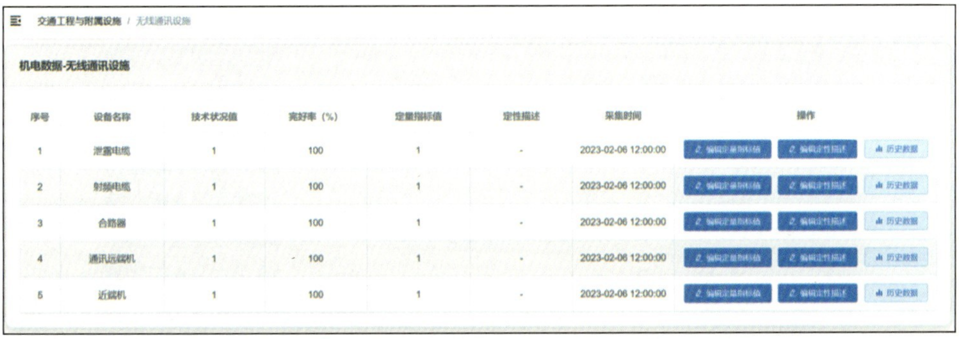

交通工程与附属设施 / 无线通讯设施

机电数据-无线通讯设施

序号	设备名称	技术状况值	完好率(%)	定量指标值	定性描述	采集时间	操作
1	泄露电缆	1	100	1	-	2023-02-06 12:00:00	历史数据
2	射频电缆	1	100	1	-	2023-02-06 12:00:00	历史数据
3	合路器	1	100	1	-	2023-02-06 12:00:00	历史数据
4	通讯远端机	1	100	1	-	2023-02-06 12:00:00	历史数据
5	近端机	1	100	1	-	2023-02-06 12:00:00	历史数据

图 6.4-15　无线通信设施技术状况评定

7)有线通信设施

有线通信设施技术状况评定主要包括广播终端机、广播喇叭、通信线缆、紧急电话等的技术状况评定,见图 6.4-16。

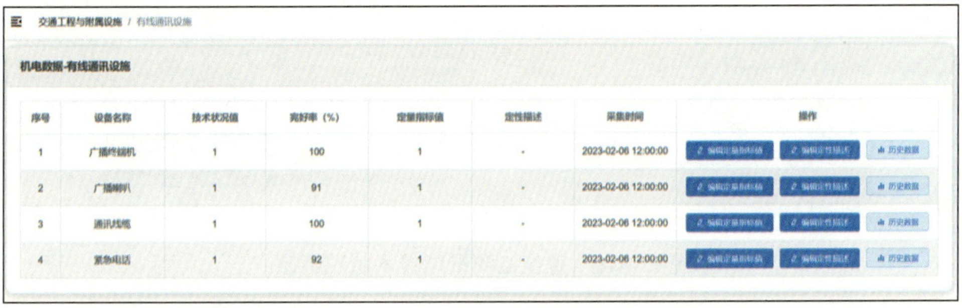

交通工程与附属设施 / 有线通讯设施

机电数据-有线通讯设施

序号	设备名称	技术状况值	完好率(%)	定量指标值	定性描述	采集时间	操作
1	广播终端机	1	100	1	-	2023-02-06 12:00:00	历史数据
2	广播喇叭	1	91	1	-	2023-02-06 12:00:00	历史数据
3	通讯线缆	1	100	1	-	2023-02-06 12:00:00	历史数据
4	紧急电话	1	92	1	-	2023-02-06 12:00:00	历史数据

图 6.4-16　有线通信设施技术状况评定

8)消防设施

消防设施技术状况评定主要包括视频型火灾报警装置、光纤测温及主机、火灾报警控制器、手段报警按钮等的技术状况评定,见图 6.4-17。

9)智能监测设施

智能监测设施技术状况评定主要包括地震仪、光纤光栅、卫星定位装置等的技术状况评定,见图 6.4-18。

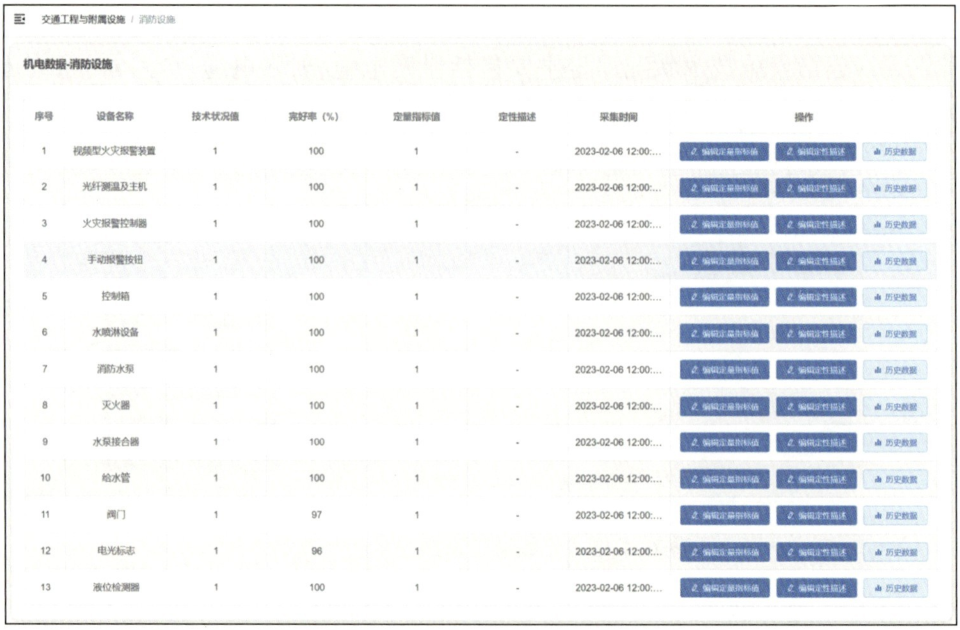

交通工程与附属设施 / 消防设施

机电数据-消防设施

序号	设备名称	技术状况值	完好率（%）	定量指标值	定性描述	采集时间	操作
1	视频型火灾报警装置	1	100	1	-	2023-02-06 12:00:...	编辑定量指标值 编辑定性描述 历史数据
2	光纤测温及主机	1	100	1	-	2023-02-06 12:00:...	编辑定量指标值 编辑定性描述 历史数据
3	火灾报警控制器	1	100	1	-	2023-02-06 12:00:...	编辑定量指标值 编辑定性描述 历史数据
4	手动报警按钮	1	100	1	-	2023-02-06 12:00:...	编辑定量指标值 编辑定性描述 历史数据
5	控制箱	1	100	1	-	2023-02-06 12:00:...	编辑定量指标值 编辑定性描述 历史数据
6	水喷淋设备	1	100	1	-	2023-02-06 12:00:...	编辑定量指标值 编辑定性描述 历史数据
7	消防水泵	1	100	1	-	2023-02-06 12:00:...	编辑定量指标值 编辑定性描述 历史数据
8	灭火器	1	100	1	-	2023-02-06 12:00:...	编辑定量指标值 编辑定性描述 历史数据
9	水泵接合器	1	100	1	-	2023-02-06 12:00:...	编辑定量指标值 编辑定性描述 历史数据
10	给水管	1	100	1	-	2023-02-06 12:00:...	编辑定量指标值 编辑定性描述 历史数据
11	阀门	1	97	1	-	2023-02-06 12:00:...	编辑定量指标值 编辑定性描述 历史数据
12	电光标志	1	96	1	-	2023-02-06 12:00:...	编辑定量指标值 编辑定性描述 历史数据
13	液位检测器	1	100	1	-	2023-02-06 12:00:...	编辑定量指标值 编辑定性描述 历史数据

图 6.4-17　消防设施技术状况评定

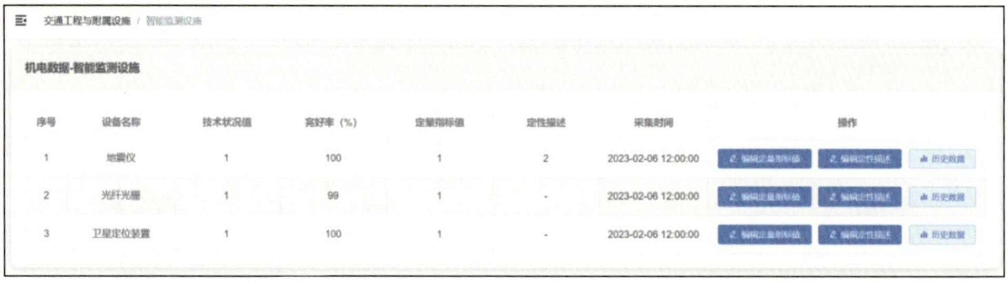

交通工程与附属设施 / 智能监测设施

机电数据-智能监测设施

序号	设备名称	技术状况值	完好率（%）	定量指标值	定性描述	采集时间	操作
1	地震仪	1	100	1	2	2023-02-06 12:00:00	编辑定量指标值 编辑定性描述 历史数据
2	光纤光栅	1	99	1	-	2023-02-06 12:00:00	编辑定量指标值 编辑定性描述 历史数据
3	卫星定位装置	1	100	1	-	2023-02-06 12:00:00	编辑定量指标值 编辑定性描述 历史数据

图 6.4-18　智能监测设施技术状况评定

6.5　本章小结

以系统安全和风险工程理论为基础，本章重点介绍了沉管隧道服役状态综合评估在线系统和软件平台，并得到以下结论：

（1）结合港珠澳大桥一体化评估需求，在沉管隧道数字化底座基础上，设计研发了具有自主知识产权的沉管隧道服役状态综合评估在线系统，系统涵盖了

"土建结构+交通工程与附属设施"等方面,包括沉管隧道服役状态信息监测到技术状况评定、预警,以及技术状况评定信息的展示。

(2)依托所提出的沉管隧道综合评估方法,结合人工巡检、定检、机电监测、结构健康监测等多源数据,实现了沉管隧道总体服役状态评估等功能。

CHAPTER 7 | 第 7 章

结语

7.1 主要结论

本书以港珠澳大桥沉管隧道为背景,依托国家重点研发计划项目"港珠澳大桥智能化运维技术集成应用",通过融合人工智能、大数据和物联网等新技术,运用理论分析、智能数值仿真、模型试验和工程验证等手段,对沉管隧道服役状态感知与评估开展了系统性研究。取得的主要结论如下:

(1) 针对港珠澳大桥桥岛隧一体化评估需求,从沉管隧道土建结构、机电设施及其服役特点出发,建立了面向多源信息综合搭载及高效应用的沉管隧道数字化底座,为后续的健康监测、智能仿真及综合评估提供了重要基础。提出了分层评定与沉管隧道单项控制指标相结合的沉管隧道技术状况评定方法,建立了组合结构承载限位能力及关键机电设施失效抗性为导向的关键结构及机电设施适应性评定方法。通过"先验知识-智能推演-实测数据"的链式信息演算,提出了沉管隧道成套定量评定指标及控制标准,建立了沉管隧道技术状况评估体系及相关评定数据采集、应用标准,填补了沉管隧道服役状态快速评估方面的空白。

(2) 针对监/检测能力与安全限制所带来的时空盲区,在沉管隧道服役环境方面,研发了地形地层探测、海洋动力监测技术与装备,获取了长期服役过程中沉管隧道区域地质、洋流演变的基础数据,为远期服役环境预测提供了重要的数据支撑。从既有沉管隧道土建结构及机电设施服役状态感知体系的不足出发,结合机器视觉、红外成像、激光传感、无人化测试等新技术,研发了高精度、智能化感知手段及装备,并结合港珠澳大桥沉管隧道进行了应用示范,形成了"定期与实时""局部与广域"相结合的沉管隧道服役信息综合感知体系。

(3) 构建了可扩展沉管隧道结构和机电服役状态仿真与验证大比尺试验平台,对沉管隧道服役行为机制进行了深入的理论与试验研究。分别研究了沉管隧道管节结构在发生剪切错动、弯曲、扭转等典型变形条件下接头结构的受力、变形特征,明确了服役过程中的敏感部位,指导了现场监测布点及智能仿真模型的建立。根据沉管隧道运营期结构变形形式,开展了接头止水带力学性能及水密特性试验,研究了沉管隧道 GINA 止水带的弹塑性特征及压力水密封性能,验证了适应性评估标准限值的可靠性;针对隧道内照明系统失效条件下的行车安全问题,开展了行车照明试验,研究了不同行驶速度、灯具失效组合及车辆行驶位置等因素下的亮度等对驾乘感受及行车安全的影响。上述试验结果为沉管隧道智能仿真技术的研究提供了重要的理论基础。

(4)通过大量仿真及实测数据,结合深度学习技术,提出了基于正向模拟仿真与逆向智能分析与评价的沉管隧道土建结构及机电设施服役状态智能仿真分析方法,构建数据驱动的沉管隧道服役状态智能仿真模型,实现了知识-数据混合驱动的沉管隧道服役状态的动态评价。考虑竖向不均匀沉降变形、横向弯曲变形及剪切变形等典型变形模式,构建了沉管隧道土建结构服役性能状态智能仿真模型;从排烟效率、人员疏散可用安全时间、烟气逆流长度考虑排烟阀故障模式下的系统性能,构建了排烟系统服役性能状态智能仿真模型;从行车安全的角度,对不同性能与失效状态下照明设施对隧道路面的光环境进行仿真分析,构建了照明设施服役性能状态智能仿真模型。

(5)应用相关研究成果,设计开发了一套沉管隧道服役状态综合评估在线系统,通过获取实时监测、定期检测以及日常人工巡检等数据,利用建立的评定方法评估沉管隧道结构与设施的服役状态,并将评估结果实时推送给港珠澳智联平台进行可视化展示。

7.2 研究展望

沉管隧道仍是一个不断发展的方向,由于问题的复杂性以及作者水平的局限性,对沉管隧道的研究仍存在不足和深化研究需求。随着我国沉管隧道的大规模建设及应用,人们对于沉管隧道在长期服役过程中的安全性和稳定性越来越关注。沉管隧道服役状态感知与评估技术也将不断面临新问题、新挑战,今后沉管隧道服役状态感知与评估的研究重点将集中在以下几个方面:

(1)沉管隧道服役状态的感知是一项重要任务,也是后续工作的基础。因此,未来将继续研发沉管隧道服役性能感知技术与装备,提升隧道的感知能力;

此外,在建立与完善评估体系后,期望将感知技术与装备纳入未来沉管隧道设计与建设中,以准确获知建设完成及运营之初的关键初始状态,实现对隧道全生命周期的有效监测。

(2)未来,沉管隧道将以波浪-地震、液化场地-地震、淤积-潮汐、化学腐蚀-水压侵蚀等复杂荷载耦合甚至多荷载耦合作用下的服役表现及病损机理为主要重点方向,通过试验进一步探明沉管隧道在复杂多变的海洋与海底环境中的结构受力特点与病损发生机制,为沉管隧道运营提供更坚实的数据支撑。

(3)由于沉管隧道结构设施及运营环境的复杂性,沉管隧道服役状态智能仿真技术已应用于沉管隧道关键构件与设施服役状态的评估中,后续应全面推进沉管隧道结构与设施状态孪生技术,进一步明确沉管隧道整体服役状态;结合多模态数据衍生技术,智能推演沉管隧道结构与设施状态演化结果,逐步将沉管隧道服役状态智能仿真向状态衍生转变,超前感知、预警沉管隧道服役状态结果,保障沉管隧道运营安全。

(4)随着港珠澳大桥沉管隧道等工程现场服役经验的不断累积,依托本专著所构建的沉管隧道服役状态感知与评估关键技术体系,后续应推进构建实测数据、试验数据、仿真数据多源融合的服役信息池,从而进一步明晰结构、设施典型病损与数据特征间的深层联系。在此基础上,逐步形成状态驱动的沉管隧道运营管养决策池,促进沉管隧道由"计划修"向"状态修"的转变。

目前,我国沉管隧道正处于飞速发展阶段。因此,及时总结经验,加快制定并完善适用于沉管隧道的服役状态评估规范,深入研究关键技术,对我国在推广和应用沉管隧道方面具有重要意义。

参 考 文 献

[1] XU X, TONG L, LIU S, et al. Evaluation model for immersed tunnel health state: A case study of Honggu Tunnel, Jiangxi Province, China[J]. Tunnelling and Underground Space Technology, 2019, 90:239-248.

[2] GURSOY A. Immersed steel tube tunnels: An American experience[J]. Tunnelling and Underground Space Technology Incorporating Trenchless Technology Research, 1995, 10(4):439-453.

[3] GRANTZ W C. Steel-shell immersed tunnels—Forty years of experience[J]. Tunnelling and Underground Space Technology, 1997, 12(1):23-31.

[4] RASMUSSEN N S. Concrete immersed tunnels—Forty years of experience[J]. Tunnelling and Underground Space Technology, 1997, 12(1):33-46.

[5] 陈建芹,冯晓燕,魏怀,等. 中国水下隧道数据统计[J]. 隧道建设(中英文), 2021, 41(3):483-516.

[6] 佚名. 中国沉管隧道一览表[J]. 隧道建设(中英文), 2015, 35(6):594.

[7] 杨文武,毛儒,曾楚坚,等. 香港海底沉管隧道工程发展概述[J]. 现代隧道技术, 2008, 45(1):41-46.

[8] HONG K. Typical Underwater Tunnels in the Mainland of China and Related Tunneling Technologies[J]. Engineering, 2017, 3(6):871-879.

[9] XIAO W, YUAN Y, YU H, et al. Numerical analysis of mechanical behaviours of immersion joint[C]// WCCM 11th World Congress on Computational Mechanics. Spain, 2014:1388-1397.

[10] XIAO W, YU H, YUAN Y, et al. Compression-bending behavior of a scaled immersion joint[J]. Tunnelling and Underground Space Technology Incorporating Trenchless Technology Research, 2015, 49:426-437.

[11] LIU P, CHEN J, CHEN Y, et al. Mechanical Model for Joints of Immersed Tunnel Considering the Influence of Joint Differential Settlement[J]. International

[12] 胡指南,冯怀平,马超超,等.沉管隧道节段接头剪力键受力阶段与沉降控制标准研究[J].现代隧道技术,2018,55(4):132-138.

[13] HU Z N,XIE Y L,XU G P,et al. Segmental joint model tests of immersed tunnel on a settlement platform: A case study of the Hongkong-Zhuhai-Macao Bridge[J]. Tunnelling and Underground Space Technology,2018,78:188-200.

[14] 邵俊江.沉管隧道的沉降预测及其控制研究[D].上海:同济大学,2003.

[15] PARWANI K. Quantifying the impact of loads on connections between segments of an immersed tunnel[D]. Delft:Technische Universiteit Delft,2014.

[16] 白云,鲁洪昊.沉管隧道接头OMEGA止水带损坏分析及修复技术[J].铁道工程学报,2016,33(9):87-92.

[17] GRANTZ W C. Immersed tunnel settlements. Part 1:nature of settlements[J]. Tunnelling and Underground Space Technology,2001,16(3):195-201.

[18] GRANTZ W C. Immersed tunnel settlements. Part 2:case histories[J]. Tunnelling and Underground Space Technology Incorporating Trenchless Technology Research,2001,16(3):203-210.

[19] SCHMIDT Birger,GRANTZ Walter C. Settlements of Immersed Tunnels[J]. Journal of the Geotechnical Engineering Division,1979,105(9):1031-1047.

[20] 周永川,张嘉兴,李顺敏,等.台湾海底隧道之接头与管段变化研析及对策[J].隧道建设,2007,27(2):121-126.

[21] CHOU Y C. Deterioration assessment of an immersed-tube road tunnel in Taiwan[J]. Proceedings of the Institution of Civil Engineers Forensic Engineering,2016,169(1):6-13.

[22] 李伟平,吴德兴,郭霄,等.宁波甬江沉管隧道大修设计与施工[J].现代隧道技术,2011,48(1):82-89.

[23] 谢雄耀,易成敏,李伟平,等.甬江沉管隧道运营期接头监测数据安全性分析[J].岩土工程学报,2019,41(12):2338-2344.

[24] 蒋义康,叶立光.甬江水底隧道沉管段的基础处理[J].地下工程与隧道,1996,2:8-14.

[25] 张庆贺,高卫平.水域沉管隧道基础处理方法的对比分析[J].岩土力学,2003,2:349-352.

[26] 胡盛斌,张征亮.既有沉管隧道病害综合检测与评估[J].低温建筑技术,2013,35(8):114-117.

[27] 潘永仁,彭俊,NAOTAKE Saito.上海外环沉管隧道管段基础压砂法施工技术[J].现代隧道技术,2004,41(1):41-45.

[28] 苏勤卫.海底沉管隧道管段沉降与应变研究[D].杭州:浙江大学,2013.

[29] 魏纲,裘慧杰,魏新江.沉管隧道施工期间与工后长期沉降的数据分析[J].岩石力学与工程学报,2013,2:3413-3420.

[30] YUE X B, XIE Y, XIE Y L. The Deformation Characteristics of Weak Foundation with High Back Siltation in the Immersed Tunnel[J]. Advances in Materials Science and Engineering, 2019, 2018: 1-14.

[31] OUYANG Z Y, CUI J, LUO R F, et al. Shaking table model test of immersed tunnels with different site conditions and seismic wave input directions[J]. Ships and Offshore Structures, 2021, 16(2): 20-32.

[32] WEI G, LU S J, WANG Z, et al. A Theoretical Model for the Circumferential Strain of Immersed Tunnel Elements Under Tidal Load[J]. Geotechnical and Geological Engineering, 2018, 36(3): 1633-1645.

[33] 邓思荣,钟坤城,邓清泉,等.深海沉箱隧道裂缝修复技术[J].中国建筑防水,2013,21:27-29.

[34] 邓春林,王胜年,熊建波,等.基于应变监测的沉管隧道混凝土侧墙裂缝解析[J].现代隧道技术,2016,53(4):102-107.

[35] 徐家慧.生物岛—大学城隧道防水及渗漏水治理技术[J].现代隧道技术,2008,1:414-417.

[36] 陆文军.上海外环隧道不堪重负新建3年面临大修[J].岩土工程界,2006,8:11-12.

[37] 李宏哲,姜国栋,张国柱,等.沉管隧道常见病害及检查维护思考[J].隧道建设(中英文),2019,39(1):465-470.

[38] 王滔,王民,彭祝涛,等.沉管隧道沥青路面服役现状及病害分析[J].隧道

建设(中英文),2020,40(1):429-435.

[39] LUNNISS R. Immersed tunnels[M]. America:CRC Press,2013.

[40] DAVIS A G,LIM M K,PETERSEN C G. Rapid and economical evaluation of concrete tunnel linings with impulse response and impulse radar non-destructive methods[J]. NDT and E international:Independent nondestructive testing and evaluation,2005,38(3):181-186.

[41] AMIR M,ALANI,BANKS K. Applications of ground penetrating radar in the Medway Tunnel-Inspection of structural joints[C]// IEEE,Proceedings of the 15th International Conference on Ground Penetrating Radar. Belgium,2014:461-464.

[42] WANG Y F,DONG G H,DENG F,et al. Application Research of the Efficient Detection for Permeability ofthe Large Marine Concrete Structures[J]. Applied Mechanics and Materials,2014,3014(1050):512-517.

[43] ALANI,AMIR M,FABIO T. GPR applications in structural detailing of a major tunnel using different frequency antenna systems[J]. Construction and Building Materials,2018,158(15):1111-1122.

[44] 黄俊,陈喜坤,李宏,等.结构智能健康监测系统在水下隧道中的应用[J].地下空间与工程学报,2017,13(1):306-313.

[45] 梁禹.广州地铁一号线越江隧道运营期结构变形监测[J].现代隧道技术,2008,45(3):84-87.

[46] 刘正根,黄宏伟,赵永辉,等.沉管隧道实时健康监测系统[J].地下空间与工程学报,2008,4(6):1110-1115.

[47] 鲍轶洲,沈永芳,吕金良,等.沉管隧道结构健康监测技术[J].实验室研究与探索,2020,39(12):51-55.

[48] CALDER B R,MAYER L A. Automatic processing of high-rate,high-density multibeam echosounder data[J]. Geochemistry,Geophysics,Geosystems,2003,4(6):1048.

[49] VOS C J. Developments and quality safeguards in immersed tunnel technique[J]. Tunnelling and Underground Space Technology,1988,3(4):363-367.

[50] TANG Y B,CHEN L,WANG S N,et al. Evaluation of the Corrosion Risk on the Immersed Tunnel of the Hongkong-Zhuhai-Macao Bridge[J]. Applied Mechanics and Materials,2013,2156(515):1075-1081.

[51] 赵煜,黄瞬屏.沉管隧道综合检测评估方法[C]//第四届亚太可持续发展交通与环境技术大会论文集.西安:中国公路学会,2005:210-213.

[52] XIN J,ZHENG Y,LI X,et al. Exploration on safety assessment method based on strain for immersed tube tunnel[J]. Electronic Journal of Geotechnical Engineering,2016,21(20):6755-6770.

[53] LUO Y H,FENG Z L,WANG S M. Study on the Material Life of OMEGA Water-Stop[J]. Advanced Materials Research,2014,838-841:162-165.

[54] 曹文宏.沉管法隧道结构大修判别指标,标准的研究[J].隧道与轨道交通,2019,4:1-5+12+57.

[55] 章勇,郭俊,徐向春.高水差条件下内河沉管隧道健康监测系统研究[J].人民长江,2016,47(5):58-61.

[56] 徐向春,刘松玉,童立元.南昌红谷隧道健康监测与评价系统构建[J].东南大学学报:英文版,2019,35(2):206-212.

[57] 张敏,朱江华,肖洪,等.沉管隧道健康状态评价中权重确定的主-客观融合方法[J].隧道建设,2016,36(9):1071-1075.

[58] TOKYO C. The Deep Mixing Method:Principle,Design and Construction[M]. America:CRC Press,2002.

[59] BUSBY J,MARSHALL C. Design and construction of the Oeresund tunnel[C]// Institution of Civil Engineers:Civil Engineering. London:Thomas,2000:157-166.

[60] RASMUSSEN N. Chapter 9 catalogue of immersed tunnels[J]. Tunnelling and Underground Space Technology,1997,12(2):163-316.

[61] CHEN S,SU Z,CHEN Y,et al. New Technologies Used for Immersed Tunnel of Hongkong Zhuhai Macao Bridge Project[J]. Tunnel Construction,2015,35(5):396-403.

[62] LIN M,LIN W,YIN H,et al. Memory bearing:A novel solution to protect element joints from differential settlement for immersed tunnels with deep alignment[J].

Tunnelling and Underground Space Technology,2019,88(JUN.):144-155.

[63] HU Z,XIE Y,XU G,et al. Advantages and potential challenges of applying semi-rigid elements in an immersed tunnel:A case study of the Hong Kong-Zhuhai-Macao Bridge[J]. Tunnelling and Underground Space Technology,2018,79(SEP.):143-149.

[64] SONG E,LI P,LIN M,et al. The rationality of semi-rigid immersed tunnel element structure scheme and its first application in HongKong Zhuhai Macao bridge project[J]. Tunnelling and Underground Space Technology,2018,82(DEC.):156-169.

[65] 叶建忠,应础斌.沉管隧道沉降控制研究[J].公路隧道,2013,2:8-12.

[66] 高翔,吴德兴,郭霄.宁波甬江沉管隧道建设和运营维护[J].隧道建设,2015,35(2):209-214.

[67] 孙钧.港珠澳大桥岛隧工程建设的科技创新和运营后应关注的若干问题[J].隧道建设(中英文),2018,38(10):1591-1602.

[68] JIANG W,LIU X,YUAN Y,et al. Towards early-age performance control in precast concrete immersed tunnels[J]. Structural Concrete,2016,16(4):558-571.

[69] LIU X,JIANG W,SCHUTTER G D,et al. Early-age behaviour of precast concrete immersed tunnel based on degree of hydration concept[J]. Structural Concrete,2014,15(1):66-80.

[70] GLERUM A. Developments in immersed tunnelling in Holland[J]. Tunnelling and Underground Space Technology,1995,10(4):455-462.

[71] COURT D J. Medway Tunnel-construction[J]. Proceedings of the Institution of Civil Engineers-Transport,2000,141(1):25-34.

[72] LYKKE S,SKOTTING E,KJAER U. Prediction and Control of Early-Age Cracking:Experiences From the Oresund Tunnel[J]. Concrete International,2000,22(9):61-65.

[73] JEON S J. Advanced Assessment of Cracking due to Heat of Hydration and Internal Restraint[J]. ACI Materials Journal,2008,105(4):677-685.

[74] 史海欧.香港新机场铁路沉管隧道的裂缝控制[J].施工技术,1998,27(11):

13-14.

[75] 钟伟春.沉管隧道裂缝的成因,特点及控制[C]∥第四届中国国际救捞论坛论文汇编.海南,2007:156-161.

[76] LIU X,YUAN Y,SU Q. Sensitivity analysis of the early-age cracking risk in an immersed tunnel[J]. Structural Concrete,2014,15(2):179-190.

[77] GOKCE A,KOYAMA F,TSUCHIYA M,et al. The challenges involved in concrete works of Marmaray immersed tunnel with service life beyond 100 years-ScienceDirect[J]. Tunnelling and Underground Space Technology,2009,24(5):592-601.

[78] 李英,德维特.节段式沉管隧道节段接头水密性设计与施工细节[C]∥中国土木工程学会,中国土木工程学会隧道与地下工程分会防水排水专业委员会第十七届学术交流会论文集.珠海:中国土木工程学会,2015:46-48,55.

[79] 倪骏,劳复兴.可注浆式钢边橡胶止水带的试制及应用[J].中国建筑防水,2006,2:10-13.

[80] JEONG S,KIM J. The Immersed Tunnel and Bridges of Busan-Geoje Fixed Link[J]. Structural Engineering International,2012,22(1):20-25.

[81] 新津敬治. Terminal block method,the new construction method of final joint in immersed tunnels.[J].土木学会论文集,1995,522:27-30.

[82] 林鸣,史福生,表莲.日本沉管隧道最终接头施工新工法[J].中国港湾建设,2012,4:1-4.

[83] AKIMOTO K,HASHIDATE Y,KITAYAMA H,et al. Immersed tunnels in Japan:Recent technological trends[C]∥ 2002 International Symposium on Underwater Technology (UT02),Tokyo:Society for Underwater Technology,2002:81-86.

[84] LIN M,LIN W,WANG Q,et al. The deployable element,a new closure joint construction method for immersed tunnel[J]. Tunnelling and underground space technology,2018,80(OCT.):290-300.

[85] 陈灵,潘祚声.在海底做了个万吨级"抽屉"[J].交通建设与管理,2021,6:76.

[86] 赵建虎,欧阳永忠,王爱学.海底地形测量技术现状及发展趋势[J].测绘学报,2017,46(10):1786-1794.

[87] 赵建虎.现代海洋测绘[M].武汉:武汉大学出版社,2007.

[88] 李家彪.多波束勘测原理技术和方法[M].北京:海洋出版社,1999.

[89] 金翔龙,陶春辉,朱心科,等.中国海洋工程与科技发展战略研究——海洋探测与装备卷[M].北京:海洋出版社,2014.

[90] 赵建虎.多波束深度及图像数据处理方法研究[D].武汉:武汉大学,2002.

[91] 秦臻.海洋开发与水声技术[M].北京:海洋出版社,1984.

[92] 白福成.多波束测深系统运动补偿新技术研究与硬件设计[D].哈尔滨:哈尔滨工程大学,2007.

[93] 陈红霞,吕连港,华锋,等.三种常用声速算法的比较[J].海洋科学进展,2005,23(3):359-362.

[94] 丁继胜,吴永亭,周兴华,等.长江口海域声速剖面特性及其对多波束勘测的影响[J].海洋通报,2006,25(3):1-6.

[95] 阚光明,刘保华,王揆洋,等.基于多波束声线传播的声速剖面反演法[J].海洋科学进展,2006,24(3):379-383.

[96] 李家彪,郑玉龙,王小波,等.多波束测深及影响精度的主要因素[J].海洋测绘,2001(1):26-32.

[97] 阳凡林,李家彪,吴自银,等.浅水多波束勘测数据精细处理方法[J].测绘学报,2008,37(4):444-450,457.

[98] 阳凡林,刘经南,赵建虎.多波束测深数据的异常检测和滤波[J].武汉大学学报(信息科学版),2004,29(1):80-83.

[99] 丁维凤,苏希华,蒋维杰,等.声学地层剖面野外数据采集几个关键问题的解决[J].海洋学报,2014(1):119-125.

[100] 丁维凤,冯霞,来向华,等.Chirp技术及其在海底浅层勘探中的应用[J].海洋技术,2006,25(2):10-14.

[101] 李军峰,肖都,孔广胜,等.单道海上反射地震在海上物探工程中的应用[J].物探与化探,2004,28(4):365-368.

[102] 李平,杜军.浅地层剖面探测综述[J].海洋通报,2011,30(3):344-350.

[103] 刘保华,丁继胜,裴彦良,等.海洋地球物理探测技术及其在近海工程中的应用[J].海洋科学进展,2005,23(3):374-384.

[104] 刘伯然,宋海斌,关永贤,等.南海东北部陆坡冷泉系统的浅地层剖面特征与分析[J].地球物理学报,2015,58(1):247-256.

[105] 刘光鼎.海洋地球物理勘探[M].北京:地质出版社,1978.

[106] 王方旗.浅地层剖面仪的应用及资料解译研究[D].青岛:国家海洋局第一海洋研究所,2010.

[107] 王润田.海底声学探测与底质识别技术的新进展[J].声学技术,2002,21(1):96-98.

[108] 吴水根,周建平,顾春华,等.全海洋浅地层剖面仪及其应用[J].海洋学研究,2007,25(2):91-96.

[109] 吴自银,郑玉龙,初凤友,等.海底浅表层信息声探测技术研究现状及发展[J].地球科学进展,2005,20(11):1210.

[110] 夏铁坚,范进良,沈铁东,等.宽带组合换能器应用于高分辨率的地层剖面仪[J].声学与电子工程,2006(2):4-7.

[111] 许枫,魏建江.第七讲　侧扫声纳[J].物理,2006,35(12):1034-1037.

[112] 国家海洋局.海洋调查规范　第8部分:海洋地质地球物理调查(GB/T 12763.8—2007)[S].北京:中国标准出版社,2007.

[113] PETER K Trabant. Applied High-Resolution Geophysical Mehtods: Offshore Geoengineering Hazards [J]. International Human Resources Development Corporation,1984.

[114] 张全德.我国卫星导航定位技术应用及发展[J].导航定位学报,2016,4(3):82-88.

[115] 何广源,吴迪军,李剑坤.GPS无验潮多波束水下地形测量技术的分析与应用[J].地理空间信息,2013,11(2):155-156.

[116] 金久才,张杰,马毅,等.一种无人船水深测量系统及试验[J].海洋测绘,

2013,33(2):53-56.

[117] 赵荻能,吴自银,周洁琼,等.声速剖面精简运算的改进 D-P 算法及其评估[J].测绘学报,2014(7):681-689.

[118] 魏碧辉,刘翀,周青,等.基于最小二乘支持向量机的声速空间变化模型构建[J].海洋测绘,2013,33(4):12-15.

[119] 王海栋,柴洪洲,翟天增,等.多波束测深异常的两种趋势面检测算法比较[J].海洋通报,2010,29(2):182-186.

[120] 张志伟,暴景阳,肖付民.抗差估计的多波束测深数据内插方法[J].测绘科学,2016,41(10):14-18.

[121] 黄贤源,隋立芬,翟国君,等.利用 Bayes 估计进行多波束测深异常数据探测[J].武汉大学学报(信息科学版),2010,35(2):168-171.

[122] 赵荻能,吴自银,李家彪,等.CUBE 曲面滤波参数联合优选关键技术及应用[J].测绘学报,2019,48(2):245-255.

[123] 陆秀平,黄谟涛,翟国君,等.多波束测深数据处理关键技术研究进展与展望[J].海洋测绘,2016,36(4):1-6.

[124] 李海森,周天,徐超.多波束测深声纳技术研究新进展[J].声学技术,2013,32(2):73-80.

[125] LI H, YAO B, ZHOU T, et al. Shallow Water High Resolution Multi-Beam Echo Sounder[C] // KOBE:MTS/IEEE OCEANS. 2008:1051-1055.

[126] 苏程.深水多波束测深侧扫声纳显控系统研究[D].杭州:浙江大学,2012.

[127] FLEMMING B W. Recent Development in Side-Scan Sonar Techniques[M]. South Africa:University of Cape Town,1982.

[128] 王炳辉,陈敬军.声纳换能器的新进展[J].声学技术,2004,23(1):67-71.

[129] MCCOLLUM M D, HAMONIC B F, WILSON O B. Transducers for Sonics and Ultrasonices[M]. USA,1992.

[130] 沈蔚,程国标,龚良平,等.C3D 测深侧扫声纳探测系统综述[J].海洋测绘,2013,33(4):4:79-82.

[131] 魏建江,尹东源.CS-1型侧扫声呐系统[J].海洋技术,1997,17(2):1-5.

[132] 李岳明,李晔,盛明伟,等.AUV搭载多波束声纳进行地形测量的现状及展望[J].海洋测绘,2016,36(4):7-11.

索 引

C

沉管隧道 immersed tunnel ·· 002

D

多波束地形地层探测 Multi-beam topography detection ··············· 068

F

服役状态 service condition ··· 002
附属结构 accessory structure ·· 010

H

海洋动力监测 marine dynamic monitoring ······························ 012

J

技术状况评定 technical condition evaluation ···························· 003
建筑信息模型 building information modeling ···························· 023
交通工程与附属设施 traffic engineering and ancillary facilities ········ 029
接头结构 joint structure ··· 029
结构健康监测 structural health monitoring ······························ 014

S

摄影测量 photogrammetric survey ·· 015
深度学习 deep learning ··· 017
神经网络 neural network ··· 061
适应性评定 fitting evaluation ·· 003

适应性评定 fitting evaluation ·· 003

数据库 data base ·· 015

缩尺模型试验 scale model test ·· 132

T

弹塑性特征 elasto-plasticity characteristic ································ 125

X

巡检机器人 inspection robot ··· 087

Z

止水带 water stopping band ·· 011

主体结构 agent architecture ·· 010